AF756669

www.ingramcontent.com/pod-product-compliance
Lightning Source LLC
LaVergne TN
LVHW010804051026
849532LV00007B/2449
* 9 7 8 9 3 6 9 0 8 9 8 0 2 *

شبلی کے ادبی گوشے

(مضامین)

علامہ شبلی نعمانی

Shibli ke Adabi Goshey *(Literary Essays)*
by: Shibli Nomani
Edition: December '2025
Publisher :
Taemeer Publications LLC (Michigan, USA / Hyderabad, India)

ISBN 978-93-6908-980-2

کتاب	:	**شبلی کے ادبی گوشے** (مضامین)
مصنف	:	**علامہ شبلی نعمانی**
صنف	:	تحقیق و تنقید
ناشر	:	تعمیر پبلی کیشنز (حیدرآباد، انڈیا)
سالِ اشاعت	:	۲۰۲۵ء
صفحات	:	۱۴۶
سرورق ڈیزائن	:	تعمیر ویب ڈیزائن

فہرست

املا اور صحت الفاظ

ایک معزز اور محترم بزرگ نے جو ہندوسان کے مشہور صاحب قلم اور معاملات ملکی میں بڑے اہل الرائے ہیں، ہم کو ایک نہایت طولانی خط لکھا ہے، جس میں سخت افسوس کے ساتھ اس بات کی شکایت کی ہے کہ نااہلوں کی وجہ سے اردو زبان روز بہ روز بگڑتی جاتی ہے، اور اگر اس کا تدارک نہیں کیا جاتا تو ہماری قومی زبان برباد ہوئی جاتی ہے۔ ان کے خاص الفاظ یہ ہیں، "آج کل میں دیکھتا ہوں کہ اردو کے اخبار اور رسالے جو انگریزی پڑھے ہوئے مضامین نگار لوگ نکال رہے ہیں، یا اخباروں وغیرہ میں مضامین لکھتے ہیں، ان غریبوں کے ہاتھ سے بے چاری اردو کی ایسی مٹی خراب ہونی شروع ہوئی کہ توبہ!

مضامین کا عمدہ ہونا دوسری بات ہے، مگر زبان یعنی الفاظ اور املا کی غلطیاں ایسی ہوتی ہیں کہ میرا تو اکثر ان کے پڑھنے تک سے دل نفرت کرتا ہے۔ یہ حالت خود انہی کے لئے قابل افسوس نہیں ہے بلکہ ایسی غلط عبارتوں اور لفظوں کے شیوع سے آئندہ بہت ہی برے نتائج پیدا ہوں گے۔ لاہور کے ایک غیر انگریزی داں پرانے اخبار نویس نے جو بے چارہ سوائے عربی کے صرف معمولی سی فارسی پڑھا ہوا تھا، لفظ جناب کا مؤنث جنابہ بنایا، اب میں دیکھتا ہوں کہ ان کی بدولت یہ جنابت ایسی بری طرح پھیلتی جاتی ہے کہ توبہ۔

لفظ نذر اور نظر میں فرق نہیں کیا جاتا۔ بجائے نافیہ کے منفی، میرے خیال میں غلط ہے، اس کا استعمال برابر ہو رہا ہے۔ موافقت کے مقابلے میں لفظ نفاق لکھا جا رہا ہے، اور

جو کوئی کسی امر میں رائے مخالف رکھتا ہو، اس کو اس طرح پر خواہ مخواہ منافق کہا جاتا ہے۔ آپ فلاں امر کے لئے مجاز نہیں ہیں، اس کی جگہ لکھتے ہیں کہ آپ کو اس بات کا کیا مجاز ہے۔ محاذی کی جگہ محاذ اور ایک بڑی ضخیم کتاب کے نویسندہ صاحب نے بجائے لفظ منادی یعنی واعظ کے مناد بروزن قناد و شداد اختراع کیا ہے وغیرہ وغیرہ۔ آپ کی خدمت میں یہ شکایت اس لئے لکھتا ہوں کہ آپ کے اہتمام سے (جو شاید برائے نام ہے) رسالہ کالج میگزین شائع ہوتا ہے، اس میں ایسی ایسی فاش غلطیاں ہوتی ہیں کہ جن کو دیکھ کر بہت رنج ہوتا ہے اور غضب یہ ہے کہ جب کہ اس پر لکھا جاتا ہے کہ مولانا محمد شبلی صاحب کے اہتمام سے شائع ہوا، تو غور فرمایئے کہ بے چارے انگریزی خواں اردو نویسوں کے لئے تو گمراہ ہو جانے کے لئے ایک بڑی دلیل ہو جائے گی، جب کوئی ان کو سمجھانا چاہے گا تو وہ یہی جواب دیں گے کہ فلاں مقام پر ہم نے ایسا ہی لکھا دیکھا ہے اور چونکہ وہ رسالہ جناب مولانا جیسے مستند شخص کے اہتمام سے شائع ہوتا ہے، تو یہ لفظ یا املا وغیرہ وغیرہ غلط کس طرح ہو سکتا ہے۔ اسی طرح ہمارے ایک عالی کرم فرما مصنف و مضمون نگار نے کہیں ہمارے عرفی کا یہ شعر پڑھ لیا ہو گا۔

از نقش و نگار در و دیوار شکستہ
آثار پدید است صنادید عجم را

یا جناب سید صاحب کی کتاب کا نام آثار الصنادید سن لیا ہو گا، اب بے تکلف آثار قدیمہ کی نسبت لفظ صنادید لکھنا شروع کر دیا اور ان کی دیکھا دیکھی اور لوگ بھی غلطی میں پڑتے جاتے ہیں۔ ایک رسالہ آج کل بہار سے بنام اصلاح جاری ہوا ہے، اس کے ٹائٹل پیج پر جو ایک عربی کا حصہ ہے وہ قابل ملاحظہ ہے۔

اگر آپ اخبار علی گڑھ کا ایک حصہ واسطے اصلاح ایسے اغلاط کے مخصوص فرما کر

الفاظ و املاہائے غلط و محاورات غیر صحیح کی تصحیح فرمایا کریں تو دنیا پر خصوصاً ہماری زبان اردو پر بڑا احسان ہو، ورنہ چند ہی سال میں ایک "گڈ ڈامی" اردو پیدا ہو گی کہ باید و شاید۔ "فانظر الی الابل کیف خلقت۔" یہ ضروری نہیں کہ کاتب مضمون کا نام لے کر اخبار میں نکتہ چینی کی جائے، بلکہ صرف اشارے کے طور پر لکھا جا سکتا ہے اور جب کہ ایک آدھ کالم اسی کام کے لئے وقف کیا جائے گا تو لوگ خوہ مخواہ ناراض بھی نہ ہوں گے کیونکہ اس عام طریق سے کسی کی تضحیک اور توہین مقصود نہ ہو گی البتہ محض اصلاح زبان، زیادہ کہاں تک سامعہ خراشی کروں۔"

سب سے پہلے میں اپنے محترم بزرگ کی خدمت میں یہ گزارش کرتا ہوں کہ میں سال بھر سے کالج میگزین کا ایڈیٹر نہیں ہوں، اس لئے اس کی غلطیوں کا (اگر واقع میں ہیں) میں ذمہ دار نہیں۔ اصل بحث کی نسبت اس امر سے انکار نہیں ہو سکتا کہ اردو زبان میں بہت سے ایسے الفاظ داخل ہو گئے اور ہوتے جاتے ہیں جو لغت اور ترکیب کے لحاظ سے غلط ہیں۔ لیکن سوال یہ ہے کہ آیا یہ عام قاعدہ قرار پا سکتا ہے یا نہیں کہ جو لفظ اصل لغت کے لحاظ سے غلط ہے، اس کا استعمال بھی عموماً غلط ہے۔ فارسی زبان میں جب عربی کا اختلاط ہوا تو عربی کے سیکڑوں الفاظ اور جملے شامل ہو گئے، فارسی کے شعرا اور نثار عموماً علوم عربیہ میں نہایت مہارت رکھتے تھے، لیکن عربی الفاظ جو انہوں نے برتے، اس قدر غلط برتے کہ آج کم مایہ اردو داں اس سے زیادہ غلطی نہیں کرتے، تاہم وہی فارسی آج تک مستند اور فصیح اور شیریں سمجھی جاتی ہے۔

به سخن ہای دروغ تو تسلی شد و رفت
میلی
به نشست و قراں خواند و بجنباند ہی سر

قاآنی

حمام شریف شد مزیب

ولہ

شاخ بنفشہ چون بروز لفین دوست گشت

منوچھری

قوم اشرب الصبوح یا ایہا النائمین

منوچھری

درو بسیر و بیندیش کاین خجستہ نہاد

عرفی

سرو من طرح نو انداختہ یعنی چہ

حزیں

اصل حقیقت یہ ہے کہ زبان کی ابتدا عوام سے ہوتی ہے اور یہ گروہ صحت الفاظ سے بالکل بے خبر ہوتا ہے، خواص اسی زبان کو لے کر کاٹ چھانٹ کر اصلاح کرتے ہیں، اصلاح میں وہ بہت سے الفاظ کو اس طرح چھوڑ دیتے ہیں جس کی وجہ کبھی تو یہ ہوتی ہے کہ وہ غلط الفاظ اس قدر عام استعمال میں رواج پا چکے ہوتے ہیں کہ صحت کے ساتھ بولے جائیں، تو عام لوگوں کی سمجھ میں نہ آئیں۔ اور کبھی یہ کہ یہ امر زبان کی عزت اور خود مختاری کی دلیل سمجھی جاتی ہے کہ دوسری زبان کے الفاظ اس میں آئیں تو اسی کے قالب میں ڈھل کر آئیں۔

فارسی اور اردو پر موقوف نہیں، ہر زبان میں دوسری زبان کے الفاظ آکر اصلی حالت پر نہیں رہتے البتہ چونکہ اردو کوئی مستقل زبان نہیں، بلکہ عربی، فارسی، ہندی کا

مجموعہ ہے، اس لئے اس کو عربی، فارسی وغیرہ کے الفاظ پر تصرف کا بہت کم حق حاصل ہے۔ اس لئے جہاں تک ہو سکے اس بات کا التزام زیادہ موزوں ہے کہ غیر زبانوں کے الفاظ صحیح تلفظ اور ترکیب کے ساتھ قائم رکھے جائیں، لیکن اس سے بھی انکار نہیں ہو سکتا کہ اساتذہ قدیم و جدید نے عربی و فارسی کے بہت سے الفاظ کو اردو زبان میں غلط طور سے برتا اور آج وہی غلط استعمالات فصیح اور با محاورہ خیال کئے جاتے ہیں۔

بہر حال اس قسم کے الفاظ کے استعمال و عدم استعمال کے لئے جو قاعدہ کلیہ قرار پا سکتا ہے وہ یہ ہے کہ جو الفاظ فصحا اور مسلم الثبوت اہل زبان کے عام استعمال میں آجائیں تو وہ صحیح الاستعمال ہیں اور جن کو اہل زبان نے عموماً نہ قبول کر لیا ہو، ان کا استعمال صحیح نہیں۔ اسی بنا پر جب مشہور اساتذہ مثلاً انیس، دبیر، آتش وغیرہ نے غلط الفاظ استعمال کئے، تو لوگوں نے اسی وقت اعتراض کیا کیونکہ وہ الفاظ فصحا کے نزدیک استعمال عام کی سند نہیں پا چکے تھے، اس لئے صرف ایک دو بزرگوں کا استعمال گو وہ کیسے ہی مسلم الثبوت استاد ہوں، صحت کی دلیل نہیں قرار پا سکتا تھا۔

ہمارے محترم بزرگ نے جن الفاظ کا ذکر کیا ہے وہ یقیناً فصحائے اہل زبان کے ہاں مستعمل نہیں ہیں، اس لئے ان کے غلط ہونے میں کچھ کلام نہیں ہو سکتا۔ بے شبہ ایسے الفاظ کو بہت سختی سے روکنا چاہئے ورنہ زبان پر بہت برا اثر پڑے گا۔ کیونکہ اگر اس قسم کے الفاظ تحریر و تقریر میں کثرت سے پھیل گئے تو ہر شخص کہاں تک یہ تحقیق کرتا پھرے گا کہ ان میں سے کون سے فصحا کے نزدیک مقبول ہو چکے ہیں اور کون غیر مقبول۔

***

شاعری کی حقیقت اور ماہیت

("شاعری کی حقیقت اور ماہیت" علامہ شبلی کی کتاب شعر العجم جلد چہارم کا ابتدائی مضمون ہے۔)

شاعری چونکہ وجدانی چیز ہے اس لئے اس کی جامع و مانع تعریف چند الفاظ میں نہیں کی جاسکتی، اس بنا پر مختلف طریقوں سے اس کی حقیقت کا سمجھانا زیادہ مفید ہوگا کہ ان سب کے مجموعہ سے شاعری کا ایک صحیح نقشہ پیش نظر ہو جائے۔

خدا نے انسان کو مختلف اعضا اور مختلف قوتیں دی ہیں، اور ان میں سے ہر ایک کے فرائض اور تعلقات الگ ہیں، ان میں دو قوتیں، تمام افعال اور ارادات کا سر چشمہ ہیں، ادراک اور احساس، ادراک کا کام، اشیا کا معلوم کرنا اور استدلال اور استنباط سے کام لینا ہے۔ ہر قسم کی ایجادات، تحقیقات، انکشافات اور تمام علوم و فنون کے نتائج عمل ہیں۔

احساس کا کام کسی چیز کا ادراک کرنا، یا کسی مسئلہ کا حل کرنا، یا کسی بات پر غور کرنا اور سوچنا نہیں ہے، اس کا کام صرف یہ ہے کہ جب کوئی مؤثر واقعہ پیش آتا ہے تو وہ متاثر ہو جاتا ہے، غم کی حالت میں صدمہ ہوتا ہے، خوشی میں سرور ہوتا ہے، حیرت انگیز بات پر تعجب ہوتا ہے، یہی قوت جس کو احساس، انفعال، یا فیلنگ سے تعبیر کر سکتے ہیں، شاعری کا دوسرا نام ہے، یعنی یہی احساس جب الفاظ کا جامہ پہن لیتا ہے، تو شعر بن جاتا ہے۔

حیوانات پر جب کوئی جذبہ طاری ہوتا ہے تو مختلف قسم کی آوازوں یا حرکتوں کے ذریعہ سے ظاہر ہوتا ہے۔ مثلاً شیر گونجتا ہے، مور چنگھاڑتے ہیں، کوئل کوکتی ہے، طاؤس

ناچتا ہے، سانپ لہراتے ہیں۔ انسان کے جذبات بھی حرکات کے ذریعہ سے ادا ہوتے ہیں، لیکن اس کو جانوروں سے بڑھ کر ایک اور قوت دی گئی ہے۔ یعنی نطق اور گویائی۔ اس لئے جب اس پر کوئی قوی جذبہ طاری ہوتا ہے تو بے ساختہ اس کی زبان سے موزوں الفاظ نکلتے ہیں۔ اسی کا نام شعر ہے۔

(اب منطقی پیرایہ میں شعر کی تعریف کرنا چاہیں تو یوں کہہ سکتے ہیں کہ جو جذبات، الفاظ کے ذریعہ سے ادا ہوں وہ شعر ہیں۔) اور چونکہ یہ الفاظ، سامعین کے جذبات پر بھی اثر کرتے ہیں، یعنی سننے والوں پر بھی وہی اثر طاری ہوتا ہے، جو صاحب جذبہ کے دل پر طاری ہوا ہے۔ اس لئے شعر کی تعریف یوں بھی کر سکتے ہیں کہ جو کلام انسانی جذبات کو برانگیختہ کرے، اور ان کو تحریک میں لائے، وہ شعر ہے۔)

ایک یوروپین مصنف لکھتا ہے کہ "ہر چیز جو دل پر استعجاب، یا حیرت یا جوش یا اور کسی قسم کا اثر پیدا کرتی ہے شعر ہے، اس بنا پر فلک نیلگون، نجم درفشان، نسیم سحر، گلگونہ شفق، تبسم گل، خرام صبا، نالۂ بلبل، ویرانی دشت، شادابی چمن، غرض تمام عالم شعر ہے، یہ آج کل کا خیال ہے۔ لیکن عجیب بات ہے کہ حضرت خواجہ فرید الدین عطار نے آج سے چھ سو برس پہلے کہا تھا۔۔۔

پس جہان شاعر بود چوں دیگراں

جو چیزیں دل پر اثر کرتی ہیں، بہت سی ہیں۔ مثلاً موسیقی، مصوری، صنعت گری وغیرہ لیکن شاعری کی اثر انگیزی کی حد سب سے زیادہ وسیع ہے۔ موسیقی صرف قوت سامعہ کو محظوظ کر سکتی ہے۔ سامعہ نہ ہو تو وہ کچھ کام نہیں کر سکتی، تصویر سے متاثر ہونے کے لئے بینائی شرط ہے، لیکن شاعری تمام حواس پر اثر ڈال سکتی ہے، باصرہ، ذائقہ، شامہ، لامسہ، سب اس سے لطف اٹھا سکتے ہیں۔ فرض کرو، شراب آنکھوں کے سامنے نہیں ہے

اس لئے آنکھ اس وقت اس سے حظ نہیں اٹھا سکتی لیکن جب ایک شاعر اس کو آتش سیال سے تعبیر کرتا ہے تو ان الفاظ سے ایک مؤثر منظر آنکھوں کے سامنے آجاتا ہے، اسی طرح جب بوسہ کو شاعرانہ انداز میں تنگ شکر کہہ دیتے ہیں تو کام و زبان کو مزہ محسوس ہوتا ہے۔

کسی اچیز کی حقیقت اور ماہیت کے تعین کرنے کا آسان علمی طریقہ یہ ہے کہ پہلے اس کا کوئی نمایاں وصف لے لیا جائے پھر یہ دیکھا جائے کہ اس وصف میں اور کیا کیا چیزیں اس کے ساتھ شریک ہیں۔ پھر ان صفات کو ایک ایک کر کے متعین کیا جائے جن کی وجہ سے یہ چیز اپنی اور ہم جنس چیزوں سے الگ اور ممتاز ہوتی گئی ہے۔

اس قدر سب تسلیم کرتے ہیں کہ شعر کا نمایاں وصف جذبات انسانی کا برانگیختہ کرنا ہے یعنی اس کو سن کر دل میں رنج، یا خوشی، یا جوش کا اثر پیدا ہوتا ہے۔ یہ خصوصیت، شاعری کو سائنس اور علوم وفنون سے ممتاز کر دیتی ہے، شاعری کا تخاطب جذبات سے ہے اور سائنس کا یقین سے، سائنس، استدلال سے کام لیتا ہے اور شاعری محرکات کو استعمال کرتی ہے، سائنس عقل کے سامنے کوئی علمی مسئلہ پیش کرتا ہے، لیکن شاعری احساسات کو دلکش مناظر دکھاتی ہے، لیکن یہ خاصیت، موسیقی، تصویر بلکہ مناظر قدرت میں پائی جاتی ہے، اس لئے کلام یا الفاظ کی قید لگانی چاہئے کہ یہ چیزیں بھی اس دائرہ سے نکل جائیں۔

تاہم خطبہ (لکچر) تاریخ، افسانہ اور ڈرامہ، شاعری کی حد میں داخل رہیں گی ان میں اور شعر میں حد فاصل قائم کرنا مشکل ہے، زیادہ دقت اس لئے ہوتی ہے کہ اکثر اعلی نظمیں افسانہ کی شکل میں ہوتی ہیں، اور اکثر افسانوں میں شاعری کی روح پائی جاتی ہے، اس لئے دونوں جب باہم مل جاتی ہیں، تو ان میں امتیاز کرنا مشکل ہو جاتا ہے، لیکن حقیقت

یہ ہے کہ افسانہ اسی حد تک افسانہ ہے، جہاں تک اس میں خارجی واقعات اور زندگی کی تصویر ہوتی ہے۔ جہاں سے اندرونی جذبات اور احساسات شروع ہوتے ہیں، وہاں شاعری کی حد آ جاتی ہے۔ (افسانہ نگار، بیرونی اشیاء کا استقصا کے ساتھ مطالعہ کرتا ہے، بخلاف اس کے شاعر، اندرونی جذبات اور احساس کی نیرنگیوں کا ماہر بلکہ تجربہ کار ہوتا ہے۔

تاریخ اور شعر کا فرق

تاریخ اور شعر کا فرق ایک مثال کے ذریعہ سے اچھی طرح سمجھ میں آسکتا ہے۔ ایک شخص جنگل میں جارہا ہے۔ کسی گوشہ سے ایک مہیب شیر ڈکارتا ہوا نکلا، اس کی پر رعب گونج، بھیانک چہرہ، خشمگیں آنکھوں نے اس شخص کے دل کو لرزادیا، یہ شخص کسی کے سامنے شیر کا حلیہ اور شکل وصورت جن مؤثر لفظوں میں بیان کرے گا، وہ شعر ہے۔

علم الحیوانات کا ایک عالم کسی عجائب خانہ میں جاتا ہے، وہاں ایک شیر کٹہرہ میں بند ہے، یہ عالم شیر کے ایک ایک عضو کو علمی حیثیت سے دیکھتا ہے، اور علمی طریقہ سے کسی مجمع کے سامنے شیر پر لکچر دیتا ہے، یہ سائنس، تاریخ یا واقعہ نگاری ہے۔

(شاعری کی اقسام میں ایک قسم واقعہ نگاری ہے۔ یعنی شاعر، خارجی واقعات کی تصویر کھینچتا ہے۔ لیکن اس حیثیت سے نہیں کہ فی نفسہ وہ کیا ہیں بلکہ اس حیثیت سے کہ وہ ہمارے جذبات پر کیا اثر ڈالتی ہے) شاعر ان اشیاء کی، سادہ خط و خال کی تصویر نہیں کھینچتا بلکہ ان میں قوت تخیل کا رنگ بھرتا ہے تاکہ مؤثر بن جائے۔

اس تقریر سے شاعری اور واقعہ نگاری کا فرق واضح ہو جاتا ہے، لیکن خطابت اور شاعری کی حد فاصل، اب بھی نہیں قائم ہوئی۔ (خطابت میں بھی شاعری کی طرح جذبات اور احساسات کا برانگیختہ کرنا مقصود ہوتا ہے، لیکن حقیقت میں شاعری اور

خطابت بالکل جدا جدا چیزیں ہیں، خطابت کا مقصود، حاضرین سے خطاب کرنا ہوتا ہے، اسپیکر، حاضرین کے مذاق، معتقدات، اور میلان طبع کی جستجو کرتا ہے۔ تاکہ اس کے لحاظ سے تقریر کا ایسا پیرایہ اختیار کرے، جس سے ان کے جذبات کو برانگیختہ کر سکے اور اپنے کام میں لائے، بخلاف اس کے شاعر کو دوسروں سے غرض نہیں ہوتی۔ وہ یہ نہیں جانتا کہ کوئی اس کے سامنے ہے بھی یا نہیں؟ اس کے دل میں جذبات پیدا ہوتے ہیں، وہ بے اختیار ان جذبات کو ظاہر کرتا ہے، جس طرح درد کی حالت میں بے ساختہ آہ نکل جاتی ہے، بے شبہ یہ اشعار اوروں کے سامنے پڑھے جائیں تو ان کے دل پر اثر کریں گے، لیکن شاعر نے اس غرض کو پیش نظر نہیں رکھا تھا۔ جس طرح کوئی شخص اپنے عزیز کے مرنے پر نوحہ کرتا ہے تو اس کی غرض یہ نہیں ہوتی کہ لوگوں کو سنائے لیکن اگر کوئی شخص سن لے تو ضرور تڑپ جائے گا۔)

اصلی شاعر وہی ہے جس کو سامعین سے کچھ غرض نہ ہو۔ لیکن جو لوگ بہ تکلف شاعر بنتے ہیں، ان کا بھی فرض ہے کہ ان کے انداز کلام سے یہ مطلق نہ پایا جائے کہ وہ سامعین کو مخاطب کرنا چاہتے ہیں۔ (ایک ایکٹر کو خوب معلوم ہے کہ بہت سے حاضرین اس کے سامنے موجود ہیں۔ لیکن اگر ایکٹ کی حالت میں، وہ اس علم کا اظہار کر دے تو سارا پارٹ غارت ہو جائے گا۔ شاعر اگر اپنے نفس کی بجائے، دوسروں سے خطاب کرتا ہے، دوسروں کے جذبات کو ابھارنا چاہتا ہے، جو کچھ کہتا ہے، اپنے لئے نہیں، بلکہ دوسروں کے لئے کہتا ہے، تو شاعر نہیں بلکہ خطیب ہے۔) اس سے یہ واضح ہو گا کہ شاعری تنہا نشینی اور مطالعہ نفس کا نتیجہ ہے، بخلاف اس کے خطابت، لوگوں سے ملنے جلنے اور راہ و رسم رکھنے کا ثمرہ ہے، اگر ایک شخص کے اندرونی احساسات تیز اور مشتعل ہیں تو وہ شاعر ہو سکتا ہے لیکن خطیب کے لئے ضرور ہے کہ دوسروں کے جذبات اور احساس کا

نباض ہو۔

شاعری کی اصلی عناصر کیا ہیں؟

ایک عمدہ شعر میں بہت سی باتیں پائی جاتی ہیں۔ اس میں وزن ہوتا ہے، محاکات ہوتی ہے یعنی کسی چیز یا کسی حالت کی تصویر کھینچی جاتی ہے، خیال بندی ہوتی ہے، الفاظ سادہ اور شیریں ہوتے ہیں، بندش صاف ہوتی ہے، طرز ادا میں جدت ہوتی ہے، لیکن کیا یہ سب چیزیں شاعری کے اجزا ہیں؟ کیا ان میں سے ہر ایک ایسی چیز ہے کہ اگر وہ نہ ہوتی تو شعر شعر نہ ہوتا، اگر ایسا نہیں ہے اور قطعاً نہیں ہے تو ان تمام اوصاف میں خاص ان چیزوں کو متعین کر دینا چاہئے جن کے بغیر شعر، شعر نہیں رہتا، عام لوگوں کے نزدیک یہ چیز وزن ہے۔ اس لئے عام لوگ کلام موزوں کو شعر کہتے ہیں، لیکن محققین کی یہ رائے نہیں، وہ وزن کو شعر کا ایک ضروری جز سمجھتے ہیں تاہم ان کے نزدیک وہ شاعری کا اصل عنصر نہیں ہے۔

ارسطو کے نزدیک یہ چیز محاکات یعنی مصوری ہے، لیکن یہ بھی صحیح نہیں، اگر کسی شعر میں تخیل ہو اور محاکات نہ ہو تو کیا وہ شعر نہ ہوگا؟ سینکڑوں اشعار ہیں جن میں محاکات کے بجائے صرف تخیل ہے، اور باوجود اس کے وہ عمدہ اشعار خیال کئے جاتے ہیں۔ شاید یہ کہا جائے کہ محاکات ایسا وسیع مفہوم ہے کہ تخیل اس کے دائرہ سے باہر نہیں جاسکتی۔ اس لئے تخیل بھی محاکات ہے۔ لیکن یہ زبردستی ہے۔ آگے چل کر جب ہم محاکات اور تخیل کی تعریف لکھیں گے تو واضح ہو جائے گا کہ دونوں الگ الگ چیزیں ہیں، گو یہ ممکن ہے کہ بعض مثالوں میں دونوں کی سرحدیں مل جائیں۔ حقیقت یہ ہے کہ شاعری دراصل دو چیزوں کا نام ہے، محاکات اور تخیل۔ ان میں سے ایک بھی پائی جائے تو شعر شعر کہلانے کا مستحق ہوگا، باقی اور اوصاف یعنی سلاست، صفائی حسن بندش

وغیرہ وغیرہ شعر کے اجزائے اصلی نہیں بلکہ عوارض اور مستحسنات ہیں۔

محاکات کی تعریف

محاکات کے معنی کسی چیز، کسی حالت کا اس طرح ادا کرنا ہے کہ اس شے کی تصویر آنکھوں میں پھر جائے، تصویر اور محاکات میں یہ فرق ہے کہ تصویر میں اگرچہ مادی اشیا کے علاوہ، حالات یا جذبات کی بھی تصویر کھینچی جا سکتی ہے، چنانچہ اعلیٰ درجہ کے مصور، انسان کی ایسی تصویر کھینچ سکتے ہیں کہ چہرہ سے جذبات انسانی مثلاً رنج، خوشی، تفکر، حیرت، استعجاب، پریشانی اور بے تابی ظاہر ہو، جہانگیر کے سامنے ایک مصور نے ایک عورت کی تصویر پیش کی تھی، جس کے تلوے سہلائے جا رہے ہیں، تلووں کے سہلاتے وقت چہرہ پر گدگدی کا جو اثر طاری ہوتا ہے وہ تصویر کے چہرہ سے نمایاں تھا، تاہم تصویر ہر جگہ محاکات کا ساتھ نہیں دے سکتی، سینکڑوں گوناگوں واقعات، حالات اور واردات ہیں جو تصویر کی دسترس سے باہر ہیں۔ مثلاً قاآنی ایک موقع پر بہار کا سماں دکھاتا ہے۔

نرمک نرمک نسیم، زیر گلاں ۲ میخزد
غبغب ایں می مکد، عارض آں می مزد
سنبل ایں می کشد، گردن آں می گزد
گہ بہ چمن مے چمد، گہ بہ سمن می وزد
گاہ بشاخ درخت گہ بہ لب جوئبار

یعنی ہلکی ہلکی ہوا آئی، پھولوں میں گھسی، کسی پھول کا گال چوم لیا، کسی کی ٹھوڑی چوس لی، کسی کے بال کھینچے، کسی کی گردن دانت سے کاٹی، کیاریوں میں کھیلتے کھیلتے چنبیلی کے پاس پہنچی اور درخت کی ٹہنیوں میں سے ہوتی ہوئی نہر کے کنارے پہنچ گئی۔ اس سماں کو مصور تصویر میں کیونکر دکھا سکتا ہے۔

یہ تو مادی اشیاء تھیں، خیالات، جذبات اور کیفیات، کا ادا کرنا اور زیادہ مشکل ہے۔ تصویر اس سے کیونکر عہدہ بر آ ہو سکتی ہے مثلاً اس شعر میں،

نسب نامہ دولت کے قباد
ورق بر ورق، ہر سوے بر دباد

یہ خیال ادا کیا گیا ہے کہ دارا کے مرنے سے کیانی خاندان بالکل برباد ہو گیا۔ یہ خیال تصویر کے ذریعہ سے کیونکر ادا ہو سکتا ہے۔

(یا مثلاً ہوس پیشہ عاشقوں کو اکثر یہ واردات پیش آتی ہے کہ کسی معشوق سے دل لگاتے ہیں، چند روز کے بعد اس کی بے مہریوں اور کج ادائیوں سے تنگ آ کر چاہتے ہیں کہ اس کو چھوڑ دیں، اور کسی اور سے دل لگائیں پھر رک جاتے ہیں کہ ایسا دلفریب معشوق کہاں ہاتھ آئے گا، اس طرح آپ ہی آپ روٹھتے اور منتے رہتے ہیں، معشوق کو ان واقعات کی خبر تک نہیں ہوتی اس حالت کو ایک شاعر یوں ادا کرتا ہے۔)

صد بار جنگ کردہ بہ او صلح کردہ ایم
اور اخبر نبودہ ز صلح وز جنگ ما

(اس حالت کو مصور تصویر کے ذریعہ سے کیونکر دکھا سکتا تھا، بخلاف اس کے شاعرانہ مصوری، ہر خیال، ہر واقعہ، ہر کیفیت، کی تصویر کھینچ سکتی ہے)

ایک بڑا فرق عام مصوری اور شاعرانہ مصوری میں یہ ہے کہ تصویر کی اصلی خوبی یہ ہے کہ جس چیز کی تصویر کھینچی جائے، اس کا ایک ایک خال و خط دکھایا جائے ورنہ تصویر ناتمام اور غیر مطابق ہو گی، بخلاف اس کے شاعرانہ مصوری میں یہ التزام ضروری نہیں، شاعر اکثر صرف ان چیزوں کو لیتا ہے اور ان کو نمایاں کرتا ہے، جن سے ہمارے جذبات پر اثر پڑتا ہے، باقی چیزوں کو وہ نظر انداز کرتا ہے یا ان کو دھندلا رکھتا ہے کہ اثر اندازی

میں ان سے خلل نہ آئے۔ فرض کرو ایک پھول کی تصویر کھینچنی ہو تو مصور کا کمال یہ ہے کہ ایک ایک پنکھڑی اور ایک ایک رگ و ریشہ دکھائے، لیکن شاعر کے لئے یہ ضروری نہیں، ممکن ہے کہ وہ ان چیزوں کو اجمالی اور غیر نمایاں صورت میں دکھائے تاہم مجموعہ سے وہ اثر پیدا کر دے جو اصلی پھول کے دیکھنے سے پیدا ہوتا ہے۔

ایک اور بڑا فرق، مصوری اور محاکات میں یہ ہے کہ مصور کسی چیز کی تصویر کھینچنے سے زیادہ سے زیادہ اثر پیدا کر سکتا ہے جو خود اس چیز کے دیکھنے سے پیدا ہوتا لیکن شاعر باوجود اس کے کہ تصویر کا ہر جز نمایاں کر کے نہیں دکھاتا تاہم اس سے زیادہ اثر پیدا کر سکتا ہے جو اصل چیز کے دیکھنے سے پیدا ہو سکتا ہے، سبزہ پر شبنم دیکھ کر وہ اثر نہیں پیدا ہو سکتا جو اس شعر سے ہو سکتا ہے۔

کھا کھا کے اوس اور بھی سبزہ ہرا ہوا

تھا موتیوں سے دامن صحرا بھرا ہوا

تصویر کا اصلی کمال یہ ہے کہ اصل کے مطابق ہو اور اگر مصور اس امر میں کامیاب ہو گیا تو اس کو کامل فن کا خطاب مل سکتا ہے، لیکن شاعر کو اکثر موقعوں پر دو مشکل مرحلوں کو اسامنا ہوتا ہے یعنی نہ اصل کی پوری پوری تصویر کھینچ سکتا ہے۔ کیونکہ بعض جگہ اس قسم کی پوری مطابقت احساسات کو برانگیختہ نہیں کر سکتی، نہ اصل سے زیادہ دور ہو سکتا ہے ورنہ اس پر اعتراض ہو گا کہ صحیح تصویر نہیں کھینچی۔ اس موقع پر اس کو تخئیل سے کام لینا پڑتا ہے۔ وہ ایسی تصویر کھینچتا ہے جو اصل سے آب و تاب اور حسن و جمال میں بڑھ جاتی ہے لیکن وہ قوت تخئیل سے سامعین پر یہ اثر ڈالتا ہے کہ وہی چیز ہے، لوگوں نے اس کو امعان نظر سے نہیں دیکھا تھا۔ اس لئے اس کا حسن پورا نمایاں نہیں ہوتا تھا۔

تخئیل

تخئیل کی تعریف ہنری لوئیس نے یہ کی ہے، "وہ قوت جس کا یہ کام ہے کہ ان اشیاء کو جو مرئی نہیں ہیں یا جو ہمارے حواس کی کمی کی وجہ سے ہم کو نظر نہیں آئیں، ہماری نظر کے سامنے کر دے۔" لیکن یہ تعریف پوری جامع اور مانع نہیں اور حقیقت یہ ہے کہ اس قسم کی چیزوں کی منطقی، جامع اور مانع تعریف ہو بھی نہیں سکتی۔

تخئیل دراصل قوت اختراع کا نام ہے۔ عام لوگوں کے نزدیک منطق اور فلسفہ کا موجد صاحب تخئیل نہیں کہا جاسکتا بلکہ اگر خود کسی فلسفہ دان کو اس لقب سے خطاب کیا جائے تو اس کو عار آئے گا، لیکن حقیقت یہ ہے کہ فلسفہ اور شاعری میں قوت تخئیل کی یکساں ضرورت ہے۔ یہی قوت تخئیل ہے جو ایک طرف فلسفہ میں ایجاد اور اکتشاف مسائل کا کام دیتی ہے اور دوسری طرف شاعری میں شاعرانہ مضامین پیدا کرتی ہے، چونکہ اکثر سائنس دان شاعری کا مذاق نہیں رکھتے اور شعراء فلسفہ اور سائنس سے نامانوس ہوتے ہیں۔ اس لیے یہ غلط فہمی پیدا ہوتی ہے کہ قوت تخئیل کو فلسفہ اور سائنس سے تعلق نہیں، لیکن یہ صحیح نہیں، بے شبہ عام سائنس یا فلسفہ جاننے والے جن میں قوت ایجاد نہیں قوت تخئیل نہیں رکھتے، لیکن جو لوگ کسی مسئلہ یا فن کے موجد ہیں ان کی قوت تخئیل سے کون انکار کر سکتا ہے۔

نیوٹن اور ارسطو میں اسی قدر زبردست قوت تخئیل تھی جس قدر ہومر اور فردوسی میں، البتہ دونوں کے اغراض و مقاصد مختلف ہیں اور دونوں کی قوت تخئیل کے استعمال کا طریقہ الگ الگ ہے۔ فلسفہ اور سائنس میں قوت تخئیل کا استعمال اس غرض سے ہوتا ہے کہ ایک علمی مسئلہ حل کر دیا جائے۔ لیکن شاعری میں تخئیل سے یہ کام لیا جاتا ہے کہ جذبات انسانی کو تحریک ہو۔

فلسفی کو صرف ان موجودات سے غرض ہے جو واقع میں موجود ہیں۔ بخلاف اس

کے شاعر ان موجودات سے بھی کام لیتا ہے جو مطلق موجود نہیں، فلسفہ کے دربار میں، ہما، سیمرغ، گاوزمین، تخت سلیمان کی مطلق قدر نہیں، لیکن یہی چیزیں ایوان شاعری کے نقش و نگار ہیں۔ فلسفی کی زبان سے اگر سیمرغ زرّیں پر کا لفظ نکل جائے تو ہر طرف سے ثبوت کا مطالبہ ہو گا، لیکن شاعر اس قسم کی فرضی مخلوقات سے اپنا عالم خیال آباد کرتا ہے اور کوئی اس سے ثبوت کا طالب نہیں ہوتا، کیونکہ فلاسفر کی طرح وہ کسی مسئلہ کی تعلیم کا دعویٰ نہیں کرتا بلکہ وہ ہم کو صرف خوش کرنا چاہتا ہے اور بے شبہ وہ اس میں کامیاب ہوتا ہے۔ ایک پھول کو دیکھ کر سائنس دان تحقیق کرنا چاہتا ہے کہ وہ نباتات کے کس خاندان سے ہے، اس کے رنگ میں کن رنگوں کی آمیزش ہے، اس کی غذا زمین کے کن اجزاء سے ہے؟ اس میں نر و مادہ دونوں کے اجزا ہیں یا صرف ایک کے؟ لیکن شاعر کو ان چیزوں سے غرض نہیں، پھول دیکھ کر بے اختیار اس کو یہ خیال پیدا ہوتا ہے،

اے گل بتو خرسندم تو بوے کسے داری

چاند کی نسبت ایک ہیئت دان کو ان مسائل سے غرض ہے کہ وہ کن عناصر سے بنا ہے؟ آباد ہے یا ویران؟ روشن ہے یا تاریک؟ سمندر کے مد و جزر سے اس کو کیا تعلق ہے، وغیرہ وغیرہ لیکن شاعر کو چاند سے صرف یہ غرض ہے کہ وہ معشوق کا روئے روشن ہے۔ شاعر کے سامنے (قوت تخئیل کی بدولت) تمام بے حس اشیا جاندار چیزیں بن جاتی ہیں۔ اس کے کانوں میں ہر طرف سے خوش آیند صدائیں آتی ہیں، زمین آسمان، ستارے، بلکہ ذرہ ذرہ اس سے باتیں کرتا ہے۔

قوت تخئیل کے ذریعہ سے اکثر شاعر ایک نیا دعویٰ کرتا ہے، اور خیالی دلائل پیش کرتا ہے ممکن ہے کہ ایک منطقی اس کی دلیل نہ تسلیم کرے۔ لیکن جن لوگوں کو وہ قوت تخئیل کے ذریعہ سے معمول کرلیتا ہے، وہ اس کے تسلیم کرنے میں مطلق تامل نہیں

کر سکتے۔ مثلاً ایک شاعر کہتا ہے،

دوش از برم چو رفتی آگہ نگشتم آرے

عمری ور فتنِ عمر آواز پاندارد

یعنی معشوق جو گودی سے نکل کر چلا گیا تو مجھ کو خبر نہیں ہوئی، کیونکہ معشوق عاشق کی زندگی ہے اور زندگی کے جانے کے وقت جانے کی آہٹ نہیں معلوم ہوتی، اس دلیل کے دو مقدمے ہیں۔ ا۔ "معشوق عاشق کی زندگی ہے۔" ۲۔ "زندگی کے جانے کی آہٹ نہیں معلوم ہوتی۔" ان دونوں میں سے تم کس کا انکار کر سکتے ہو۔

محاکات کی تکمیل کن کن چیزوں سے ہوتی ہے؟

ا۔ محاکات جب موزوں کلام کے ذریعہ کی جائے تو سب سے پہلے وزن کا تناسب شرط ہے۔ یہ ظاہر ہے کہ درد، غم، رنج، جوش، غیظ، غضب، ہر ایک کے اظہار کا لہجہ اور آواز مختلف ہے، اس لئے جس جذبہ کی محاکات مقصود ہو، شعر کا وزن بھی اس کے مناسب ہونا چاہئے تا کہ اس جذبہ کی پوری حالت ادا ہو سکے، مثلاً فارسی میں بحر تقارب جس میں شاہنامہ ہے، رزمیہ خیالات کے لئے موزوں ہے۔ چنانچہ فارسی میں جس قدر رزمیہ مثنویاں لکھی گئیں، اسی بحر میں لکھی گئیں، اسی طرح غزل اور عشق و عاشقی کے خیالات کے لئے خاص بحریں ہیں، ان خیالات کو قصیدہ کی بحروں میں ادا کیا جائے تو تاثیر گھٹ جاتی ہے۔

۲۔ محاکات کا اصلی کمال یہ ہے کہ اصل کے مطابق ہو۔ یعنی جس چیز کا بیان کیا جائے، اس طرح کیا جائے کہ خود وہ شے مجسم ہو کر سامنے آجائے۔ شاعری کا اصلی مقصد طبیعت کا انبساط ہے، کسی چیز کی اصلی تصویر کھینچنا خود طبیعت میں انبساط پیدا کرنا ہے۔ (وہ شے اچھی یا بری ہے اس سے بحث نہیں) مثلاً چھپکلی ایک بدصورت جانور ہے جس کو دیکھ

کر نفرت ہوتی ہے، لیکن اگر ایک استاد مصور چھپکلی کی ایسی تصویر کھینچ دے کہ بال برابر فرق نہ ہو تو اس کے دیکھنے سے خواہ مخواہ لطف آئے گا۔ اس کی یہی وجہ ہے کہ نقل کا اصل سے مطابق ہونا خود ایک مؤثر چیز ہے، اب اگر وہ چیزیں جن کی محاکات مقصود ہے، خود بھی دلآویز اور لطف انگیز ہوں تو محاکات کا اثر بہت بڑھ جائے گا۔

اصل کی مطابقت مختلف طریقوں سے ہوئی ہے

(۱) جس شے کا بیان کرنا ہے اس کی جزئیات کا اس طرح استقصا کیا جائے کہ پوری شے کی تصویر نظر کے سامنے آجائے، مثلاً اگر احباب کی مفارقت کا واقعہ لکھنا ہے، تو ان تمام جزوی حالات اور کیفیات کا استقصا کرنا چاہئے جو اس وقت پیش آتی ہے۔ یعنی اس حالت میں ایک دوسرے کی طرف کس نگاہ سے دیکھتا ہے؟ کس طرح گلے مل کر روتا ہے؟ کس قسم کی درد انگیز باتیں کرتا ہے؟ کن باتوں سے دل کو تسلی دیتا ہے؟ رخصت کے وقت کیا بے اختیار حرکات صادر ہوتے ہیں؟ آغاز میں جو کیفیت تھی کس طرح بتدریج بڑھتی جاتی ہے؟ حاضرین پر اس سے کیا اثر پڑتا ہے؟ ان باتوں میں سے ایک بات بھی رہ گئی تو مطابقت میں کمی رہ گئی۔ فردوسی اور نظامی میں بڑا فرق یہی ہے کہ فردوسی نہایت چھوٹے چھوٹے جزئیات کو لیتا ہے۔ نظامی عالم تخیل کے زور میں جزئیات پر نظر نہیں ڈالتے۔ مثلاً فردوسی ایک موقع پر ایک دعوت کے جلسہ کا حال لکھتا ہے،

دگر بارہ بستد زمین داد بوس

(دوسری بار پیالہ ہاتھ میں لیا اور زمین چومی اور)

چنیں گفت کیں بادہ بر روے طوس

(کہا کہ یہ پیالہ طوس کی یادگار پیتا ہوں)

سران جہان دار بر خاستند

(تمام سردار کھڑے ہو گئے)

ابر پہلوان خواہش آراستند

(اور رسم کی مرضی کی تبعیت کی)

اس زمانہ میں قاعدہ تھا کہ کسی کی یادگار میں شراب پیتے تھے تو زمین کو چومتے تھے، پھر اس شخص کی طرف خطاب کر کے کہتے تھے کہ یہ یاد "فلاں۔" اس کے ساتھ اور حاضرین مجلس کھڑے ہو جاتے تھے، جیسا کہ آج کل بھی دستور ہے۔ فردوسی نے ان تمام واقعات کو ادا کیا۔ اسی موقع کو اگر نظامی لکھتے تو شراب اور جام کی تشبیہ اور استعارہ کا طلسم باندھتے لیکن ان جزوی واقعات کو نظر انداز کر جاتے، قاآنی کا ایک بہاریہ قصیدہ ہے، جس کے چند اشعار یہ ہیں،

یکے بر لالہ پا کوبد کہ ہے ہے رنگ می دارد

(بہار میں کوئی لالہ پر پاؤں دے دے مارتا ہے)

یکے از گل بوجد آید کہ دہ دہ بوئے یار آید

(کہ اہاہا اس میں شراب کا رنگ ہے، کوئی پھول دیکھ کر)

یکے اینجا گسار دمی یکے آنجا نوازد نے

(جھومتا ہے کہ سبحان اللہ معشوق کی خوشبو آتی ہے)

صدائے ہائے ہوئے دہے، زہر سوئے ہزار آید

(کوئی یہاں شراب اڑا رہا ہے، کوئی وہاں بانسری)

زہر کوئے صدائے ارغنوں وچنگ ونے خیزد

(بجا رہا ہے۔ ہر طرف سے ہو ہا کی آوازیں آرہی ہیں)

زہر سوئے صدائے بربط وطنبور و تار آید

(ہر گلی میں ارگن اور ستار بج رہا ہے)

یکے بر لالہ می غلطد یکے در سبزہ می رقصد

(کوئی لالہ پر لوٹ رہا ہے، کوئی سبزہ پر ناچ رہا ہے)

یکے گاہے رود از ہوش یک گہ ہوشیار آید

(کوئی بیہوش ہوا جاتا ہے، کوئی ہوش میں آنے لگا ہے)

الا یا ساقیا! مے دہ، بہ جان من پیاپے دہ

(ہاں! اے ساقی شراب دے اور برابر دئے جا)

دمادم مے خورد مے دہ، کہ می ترسم خمار آید

(خود پی اور دم بدم پلاتا جا ورنہ مجھ کو ڈر ہے کہ خمار آ جائے)

ان اشعار میں بہار کی دلچسپی، اور لوگوں کی سرمستی کی تصویر کھینچی ہے، محاکات کا اعلیٰ درجہ ہے، ایک ایک جزئی حالت کا استقصا کر کے اس طرح ادا کیا ہے کہ پورا سماں آنکھوں کے سامنے پھر جاتا ہے۔

۳۔ اکثر چیزیں اس قسم کی ہیں کہ ان کے مختلف انواع ہوتے ہیں اور ہر نوع میں الگ خصوصیت ہوتی ہے، مثلاً آواز ایک عام چیز ہے، اس کی مختلف نوعیں ہیں، پست، بلند، شیریں، کرخت، سریلی، وغیرہ وغیرہ، ذوقی چیزوں میں یہ فرق اور نازک ہو جاتا ہے، مثلاً معشوق کی ادا ایک عام چیز ہے لیکن الگ الگ خصوصیتوں کی بنا پر ان کے جدا جدا نام ہیں یعنی، ناز، عشوہ، غمزہ، شوخی و بیباکی۔ جو زبانیں وسیع اور لطیف ہیں، ان میں ان دقیق فرقوں کی بنا پر ہر چیز کے لئے الگ الگ الفاظ پیدا ہو جاتے ہیں۔

اب جب کسی چیز کی محاکات مقصود ہو تو ٹھیک وہی الفاظ استعمال کرنے چاہئیں جو ان خصوصیات پر دلالت کرتے ہیں۔ ساوٗدی نے ایک نظم لکھی تھی جس کا شان نزول یہ ہے

کہ اس سے اس کے کم سن بچے نے پوچھا کہ "سیلاب کیونکر آتا ہے؟" ساؤدی نے اس کے جواب میں یہ نظم لکھی اور دکھایا کہ سیلاب کس طرح آہستہ آہستہ شروع ہوتا ہے اور کس طرح بڑھتا جاتا ہے۔ اس نظم میں تمام الفاظ اس قسم کے آئے ہیں کہ پانی کے گرنے، بہنے، پھیلنے، وغیرہ وغیرہ کے وقت جو آوازیں پیدا ہوتی ہیں، الفاظ کے لہجہ سے ان کا اظہار ہوتا ہے، یہاں تک کہ اگر کوئی شخص خوش ادائی سے اس نظم کو پڑھے تو سننے والے کو معلوم ہوگا کہ زور و شور سے سیلاب بڑھتا ہوا چلا آتا ہے۔

میرا طالب العلمی کا زمانہ تھا کہ ایک دن ایک صحبت میں کسی نے کلیم کا یہ شعر پڑھا،

سر بہ بستان چو دہد جلوۂ یغمائی را

اول از سرو کند جامہ رعنائی را

والد مرحوم بھی تشریف رکھتے تھے، میں نے کہا کپڑا اتارنے کو جامہ کشیدن بھی کہتے ہیں۔ اس لیے شاعر اگر "کند" بجائے "کشد" کہتا تو زیادہ فصیح ہوتا، جامہ کندن گو صحیح ہے لیکن فصیح نہیں، سب چپ ہوگئے۔ والد مرحوم نے ذرا سوچ کر کہا کہ "نہیں یہی لفظ (کند) شعر کی جان ہے، شعر کا مطلب یہ ہے کہ معشوق باغ میں جب غارت گری کی شان دکھاتا ہے تو پہلے سرو کی رعنائی کا لباس اتار لیتا ہے، لباس اتارنے کے دو معنی ہیں۔ ایک یہ کہ مثلاً کوئی شخص گرمی وغیرہ کی وجہ سے کپڑا اتار کر رکھ دے یا اس کا نوکر اتار لے، دوسرے یہ کہ سزا کے طور پر کسی کے کپڑے اتروا لئے جائیں یا نچوائیں جائیں۔ فارسی میں ان کے لئے دو مختلف لفظ ہیں، جامہ کشیدن، اور جامہ کندن۔ چونکہ یہاں مقصود یہ ہے کہ معشوق، ذلت کے طور پر سرو کا کپڑا اتار لیتا ہے اس لئے یہاں جامہ کندن کا لفظ جامہ کشیدن سے زیادہ موزوں ہے۔ تمام حاضرین نے اس توجیہ کی بے ساختہ تحسین کی۔

علی قلی کا شعر ہے،

بگزشت زپیش من وغیرش بہ حکایت

پیچید کہ ہرگز نتواند بہ قفا دید

شعر کا مطلب یہ ہے کہ معشوق سامنے سے جا رہا تھا، رقیب بھی ساتھ تھا، اس نے اس طرح اس کو باتوں میں لگالیا کہ معشوق مڑ کر پیچھے نہ دیکھ سکا۔ (ورنہ شاید میری طرف بھی اس کی نگاہ پڑ جاتی۔ "پیچید" کے لفظ سے واقعہ کی صورت جس طرح ذہن میں آجاتی ہے اور کسی لفظ سے نہیں آسکتی۔)

سکندر نے جب دارا کو برابری کے دعوے سے خط لکھا ہے، تو دارا کو سخت رنج اور حیرت ہوئی، اس موقع پر نظامی کہتے ہیں،

بخندید وگفت اندراں زہر خند

کہ افسوس بر کار چرخ بلند

فلک بین چہ ظلم آشکارا کند

کہ اسکندر آہنگ دارا کند

جب کوئی کمینہ شخص کسی معزز آدمی سے برابری کا دعوی کرتا ہے، تو بعض وقت اس کو غصہ میں ہنسی آجاتی ہے، یہ ہنسی، رنج، غصہ اور عبرت کا گویا مجموعہ ہوتی ہے، فارسی میں اس ہنسی کو زہر خند کہتے ہیں، دارا پر سکندر کے خط سے جو حالت طاری ہوئی زہر خند کے لفظ کے سوا اور کسی طریقہ سے اس کی تصویر نہیں کھینچ سکتی تھی۔ اسی طرح خاص خاص محاورے اور اصطلاحیں، خاص خاص مضامین کے لئے مخصوص ہیں، ان مضامین کو ان کے سوا اور طریقہ سے ادا کیا جائے تو پوری محاکات نہیں ہوسکتی۔

۴۔ جب کسی قوم یا کسی ملک، یا کسی مرد، یا عورت، یا بچہ کی حالت بیان کی جائے تو

ضرور ہے کہ ان کی تمام خصوصیات کا لحاظ رکھا جائے، مثلاً اگر کسی بچہ کی کسی بات کی نقل کرنی مقصود ہو تو بچوں کی زبان کا، طرز ادا کا، خیالات کا، لہجہ کا، لحاظ رکھنا چاہئے، یعنی ان تمام باتوں کو بعینہ ادا کرنا چاہئے، مثلاً،

چلّاتی ہے سکینہ کہ "اچھے مرے چچا"
محمل میں گھٹ گئی "مجھے گودی میں لو ذرا"
بابا سے کہہ دو اب کہیں خیمہ کریں بپا
ٹھنڈی ہوا میں لے کے چلو تم پہ میں فدا
سایہ کسی جگہ ہے نہ چشمہ نہ آب ہے
تم تو ہوا میں ہو مری حالت خراب ہے

یہ وہ موقع ہے کہ اہل بیت نہایت سخت گرمیوں میں کربلا کو روانہ ہوئے ہیں اور سکینہ (حضرت امام حسین علیہ السلام کی صاحب زادی) اپنے چچا حضرت عباسؑ سے گرمی کی شکایت کرتی ہیں۔ اس بند میں بچوں کی طرز گفتار اور خیالات کی تمام خصوصیات کو ملحوظ رکھا ہے۔ "اچھے چچا" خاص بچوں کی زبان ہے، گودی میں بچوں کو خاص لطف آتا ہے، اس لئے گودی میں لینے کی فرمائش سے طفلانہ خواہش کا اظہار ہوتا ہے۔ بچے اپنے مقصد حاصل کرنے کا سب سے بڑا ذریعہ طعنہ دینا سمجھتے ہیں، اس لئے حضرت عباسؑ کو طعنہ دیا ہے کہ آپ تو مزے سے ہوا میں ہیں، آپ کو میری کیا فکر ہے "آپ" کے بجائے "تم" کہنا انتہا درجہ کا پیارا اور طفلانہ تفوق اور حکومت ہے، ان خصوصیات کے اجتماع نے محاکات کو کمال کے درجہ تک پہنچا دیا ہے اور واقعہ کی پوری تصویر اتر آئی ہے۔

محاکات کے کمال کے لئے عالم کائنات کی ہر قسم کی چیزوں کا مطالعہ کرنا ضروری ہے۔ شاعر کبھی لڑائیوں اور معرکوں کا حال لکھتا ہے، کبھی قوموں کے اخلاق و عادات کی

تصویر کھینچتا ہے، کبھی جذبات انسانی کا عالم دکھاتا ہے، کبھی شاہی درباروں کا جاہ و حشم بیان کرتا ہے، کبھی ٹوٹے پھوٹے جھونپڑوں کی سیر کراتا ہے، اس حالت میں اگر اس نے عالم کائنات کا مشاہدہ نہ کیا ہو اور ایک ایک چیز کی خصوصیات اور قابل انتخاب باتوں کو دقت آفرینی سے نہ دیکھا ہو، تو وہ ان مرحلوں کو کیونکر طے کر سکتا ہے۔ شکسپیر تمام دنیا کا سب سے بڑا شاعر مانا جاتا ہے، اس کی یہی وجہ ہے کہ اس نے ہر درجہ اور طبقہ کے لوگوں کے اخلاق و عادات کی تصویر کھینچی ہے، اور اس طرح کھینچی ہے کہ اس سے بڑھ کر ممکن نہیں۔ اس شرط کی کمی کی وجہ سے بڑے بڑے شعرا کے کلام میں علانیہ رخنے نظر آتے ہیں، نظامی خداے سخن ہیں تاہم دارا کے خط میں جو سکندر کے نام تھا، لکھتے ہیں،

وگرنہ چنانت دہم گوش پیچ

(ورنہ میں تیرے ایسے کان ملوں گا)

کہ دانی تو ہیچی وکمتر زہیچ

(کہ تو جان جائے کہ تو ناچیز سے بھی ناچیز ہے)

نظامی گوشہ نشین شخص تھے، شاہی درباروں میں آنے جانے کا کم اتفاق ہوا تھا، شاہانہ آداب اور طریق گفتگو سے واقف نہ تھے، اس لیے وہی عام بازاری لفظ "گوش پیچ" (کان اومیٹھنا) لکھ گئے، اس نقص کی وجہ سے واقعہ کی صحیح تصویر نہ اتر سکی، بخلاف اس کے فردوسی نے سینکڑوں ہزاروں مختلف واقعات لکھے ہیں۔ لیکن کہیں اس فرض کا سررشتہ ہاتھ سے نہیں جانے پاتا، متعدد اور مفصل مثالیں آگے آئیں گی یہاں صرف مطلب کے ذہن نشین کرنے لئے ہم ایک مثال پر اکتفا کرتے ہیں۔

ایرانیوں کی روایت ہے کہ فریدوں نے اپنے بیٹوں کی وصلت شاہ یمن کی لڑکیوں سے کرنی چاہی، چنانچہ قاصد کو پیغام دے کر شاہ یمن کے پاس بھیجا۔ شاہ یمن نے اپنے

درباریوں سے کہا کہ، تین صورتیں ہیں، اگر قبول کرلوں تو مجھ کو سخت صدمہ ہوگا، اگر جھوٹ وعدہ کرلوں تو یہ شان سلطنت کے خلاف ہے، انکار کروں تو فریدوں کا مقابلہ کرنا آسان نہیں۔

فردوسی مجوسی النسل تھا اور قومیت کا اس کو سخت تعصب تھا چنانچہ جہاں جہاں عرب کا نام آتا ہے، ان کو حقیر کرنا چاہتا ہے، تاہم چونکہ شاعری کے فرض کا خیال تھا اور عرب کے کیرکٹر (انداز طبیعت) سے واقف تھا اس لئے درباریوں کی زبان سے کہتا ہے،

کہ ماہمگنان ایں نہ بینم رائے
(ہم لوگوں کی یہ رائے نہیں)
کہ ہر بادراتو بجنبی از جائے
(کہ جو ہوا چلے آپ کو ہلادے)
اگر شد فریدوں چنیں شہریار
(فریدوں بادشاہ ہے تو ہو)
نہ ما بندگانیم با گوشوار
(ہم بھی کچھ اس کے حلقہ بگوش غلام نہیں ہیں)
سخن گفتن ورنجش آئین ماست
(گویائی اور جھلاہٹ ہماری فطرت ہے)
عنان وسناں باختن دین ماست
(گھوڑا دوڑانا اور برچھی چلانا ہمارا دین ہے)
بہ خنجر زمیں رامیستان کینم
(ہم تلواروں سے زمین لال کردیں گے)

بہ نیزہ ہوا را نیستان کینم

(اور برچھیوں سے ہوا کو نیستان بنا دیں گے)

یہ باتیں عرب کا خاص کیرکٹر ہیں۔ عرب، کسی دوسری قوم کو، گو کسی درجہ کا ہو، بیٹی دینا عار سمجھتے تھے، اس لئے گو بادشاہ نے مصلحت ملکی سے فریدوں کی درخواست کا رد کرنا مناسب نہ سمجھا لیکن درباریوں نے وہی آزادانہ جواب دیا جو عرب کی طینت اور ان کا جوہر ہے۔

دقیق خصوصیات کی محاکات

محاکات میں نہایت فرق مراتب ہے اور اسی فرق مراتب کی بنا پر شاعری کے مدارج میں نہایت تفاوت ہے، اس کو پہلے محسوسات کے ذریعہ سے ذہن نشین کرو۔ مثلاً اگر سوتے ہوئے شخص کی تصویر کھینچی جائے تو ایک معمولی مصور تصویر میں صرف اس قدر دکھائے گا کہ آنکھیں بند ہیں، جس سے ظاہر ہو کہ وہ شخص سو رہا ہے، لیکن ایک دقیقہ رس مصور ان خصوصیتوں کا بھی لحاظ رکھے گا کہ کس قسم کی نیند ہے؟ گہری ہے یا معمولی یا نیم خوابی؟ اس سے بڑھ کر اس بات کو بھی ملحوظ رکھے گا کہ سونے کی حالت میں اعضا کی جو حالت ہوتی ہے وہ بھی نمایاں کی جائے۔ بے خبری میں لباس اور اعضاء کی ہیئت میں جو بے ڈھنگا پن پیدا ہو جاتا ہے، وہ بھی ظاہر ہو۔ بچوں، جوانوں، عورتوں اور مردوں کی نیند میں جو فرق ہے اس کی خصوصیات بھی نظر آئیں۔ اسی طرح جس قدر زیادہ فن تصویر میں کمال ہو گا، اسی قدر تصویر میں باریکیاں پیدا ہوتی جائیں گی۔

یونان میں ایک دفعہ ایک مصور نے ایک آدمی کی جس کے ہاتھ میں انگور کا خوشہ ہے تصویر بنا کر موقع پر آویزاں کی، تصویر اس قدر اصل کے مطابق تھی کہ پرند انگور کو اصلی سمجھ کر اس پر گرتے تھے اور چونچ مارتے تھے، تمام نمائش گاہ میں غل پڑ گیا اور

لوگ ہر طرف سے آآکر مصور کو مبارک باد دینے لگے، لیکن مصور روتا تھا کہ تصویر میں نقص رہ گیا، لوگوں نے حیرت سے پوچھا کہ اس سے بڑھ کر اور کیا کمال ہو سکتا تھا، مصور نے کہا بے شبہ انگور کی تصویر اچھی بنی ہے لیکن جس آدمی کے ہاتھ میں انگور ہے، اس کی تصویر اچھی نہیں ورنہ پرند انگور پر ٹوٹنے کی جرأت نہ کرتے۔

اسی قسم کے دقایق اور باریکیاں محاکات میں پائی جاتی ہیں اور یہی نکتے ہیں، جن کی بنا پر شعرا میں فرق مراتب ہوتا ہے۔ محاکات کے یہ دقایق ہر چیز کی محاکات میں پائے جاتے ہیں۔ یعنی خواہ کسی واقعہ کا بیان کیا جائے، یا کسی منظر یا جذبات انسانی کا یا کسی حالت یا کیفیت کا، ہم ہر قسم کی مثالیں ذیل میں لکھتے ہیں۔

دو دن سے بے زباں پہ جو تھا آب و دانہ بند
دریا کو ہنہنا کے لگا دیکھنے سمند
ہر بار کانپتا تھا سمٹتا تھا بند بند
چمکارتے تھے حضرت عباس ارجمند
تڑپاتا تھا جگر کو جو شور آبشار کا
گردن پھرا کے دیکھتا تھا منہ سوار کا

یہ وہ موقع ہے کہ کربلا میں حضرت عباس اہل بیت کے لئے پانی لینے گئے ہیں، اور نہر کے کنارے پہنچے ہیں، لیکن نہ خود پانی پیتے ہیں، نہ گھوڑے کو پلاتے ہیں، صرف مشک بھر لی ہے کہ اہل بیت کو لا کر پلائیں گے، گھوڑا حضرت عباس کے اس ارادہ سے واقف ہے کہ وہ اس کو پانی پلانا نہیں چاہتے، اب خیال کرو کہ ایک جانور کئی دن کا پیاسا پانی کے پاس پہنچ جائے تو اس کی کیا حالت ہو گی۔ ایک طرف پیاس اس کو بے اختیار کرتی ہے دوسری طرف آقا مانع ہے، اس دوطرفہ کشمکش میں بار بار کانپنا اور بند بند کا سمٹنا، اصلی، نیچرل اور

فطری حالت ہے۔

زلفیں ہوا میں اڑتی تھیں ہاتھوں میں ہاتھ تھے

لڑکے بھی بند کھولے ہوئے ساتھ ساتھ تھے

یہ وہ موقع ہے کہ اہل بیت کربلا کے میدان میں اترے ہیں اور نوجوان اور بچے ساتھ ساتھ چہل قدمی کر رہے ہیں، کوئی معمولی شاعر اس منظر کو دکھاتا تو بچوں کو کھیلتے کودتے چلنا بیان کر دیتا، لیکن نکتہ سنج شاعر کی نگاہ اس پر پڑتی ہے کہ بچے تنہا نہیں ہیں، بلکہ اپنے سے بڑی عمر والوں کے ساتھ ہیں، اس لئے کھل کھیل نہیں سکتے، تاہم بچے ہیں اور بچوں کی خصوصیات نہ دکھائی جائیں تو واقعہ کی اصلی تصویر نہیں کھنچتی، اس لئے کہتا ہے کہ "بند کھولے ہوئے ساتھ ساتھ تھے۔"

بعض جگہ صرف جزئیات کے ادا کرنے سے محاکات ہوتی ہے

لیکن ہر جگہ کسی شے یا واقعہ کے تمام اجزا کی محاکات ضروری نہیں، فن تصویر کے ماہر جانتے ہیں کہ اکثر صاحب کمال مصور تصویر کے بعض حصے خالی چھوڑ دیتا ہے، لیکن اور اعضا یا اجزا کی تصویر اس خوبی کے ساتھ کھینچتا ہے کہ دیکھنے والے کی نظر چھوٹے ہوئے حصہ کو خود پورا کر لیتی ہے۔ اس کو مثال میں یوں سمجھو کہ کاغذ پر جو تصویر ہوتی ہے اس میں عمق نہیں ہو سکتا کیونکہ کاغذ میں خود عمق نہیں باوجود اس کے کاغذ پر نہایت موٹے آدمی کی تصویر بنا سکتے ہیں، اس کی وجہ یہی ہے کہ چونکہ تصویر میں عرض و طول موجود ہوتا ہے اس لئے اس کی مناسبت سے قوت متخیلہ خود، دبازت اور موٹاپن پیدا کر لیتی ہے اور ہم کو تصویر میں اسی طرح موٹاپا محسوس ہوتا ہے جس طرح عرض و طول محسوس ہوتے ہیں۔ شاعر اکثر کوئی واقعہ یا کوئی سماں باندھتا ہے اور تمام حالات کا استقصا نہیں کرتا لیکن چند ایسی نمایاں خصوصیات ادا کر دیتا ہے کہ پورا واقعہ یا پورا سماں آنکھوں کے سامنے

آجاتا ہے۔

بنفشہ طرۂ مفتول خود گرہ میزد

صبا حکایت زلف تو در میان انداخت

شعر کا اصل مطلب صرف اس قدر ہے کہ بنفشہ معشوق کی زلف کا مقابلہ نہیں کر سکتی۔ اس کو شاعرانہ انداز میں اس طرح ادا کیا ہے، کہ گویا بنفشہ ایک معشوق ہے، وہ اپنی زلفیں آراستہ کر رہی تھی اور اپنی اداؤں پر نازاں تھی کہ اتفاقاً کسی طرف سے صبا (جس کو ایک تماشائی عورت فرض کیا ہے) آنکلی۔ اس نے معشوق کی زلفوں کا ذکر چھیڑ دیا دفعتاً بنفشہ شرما کر رہ گئی۔ بنفشہ کا شرما جانا شعر میں مذکور نہیں، اور اس تمام منظر میں وہی واقعہ کی جان ہے لیکن حالت کا سماں اس طرح کھینچا ہے کہ شرما جانا خود بخود لازمی نتیجہ کے طور پر پیش نظر ہو جاتا ہے۔

ہاں وہ نہیں خدا پرست جاؤ وہ بے وفا سہی

جس کو ہو جان و دل عزیز اس کی گلی میں جائے کیوں

اس شعر میں اس حالت کی تصویر کھینچی ہے کہ عاشق عشق میں سرشار ہے، لوگ اس کے پاس جا کر اس کو سمجھاتے ہیں کہ معشوق بے وفا ہے، اس سے دل لگانا بے فائدہ ہے، عاشق جھلا کر کہتا ہے، اچھا ہے تو ہے، جس کو اپنی جان عزیز ہے وہ اس سے دل ہی کیوں لگاتا ہے، یعنی میں نے اپنی جان پر کھیل کر اس سے دل لگایا ہے۔ میرا عشق اس کی وفا پر منحصر نہیں۔ اس شعر میں یہ الفاظ کہ لوگ عاشق کو سمجھاتے ہیں، "عشق معشوق کی وفا کا پابند نہیں" بالکل متروک ہیں لیکن اور واقعات اس طرح اور اس انداز سے ادا کئے ہیں کہ متروک جملے خود بخود سمجھ میں آجاتے ہیں اور تصویر کا یہ چھوٹا ہوا حصہ خود نظر کے سامنے آجاتا ہے۔

تنبیہ

یہاں یہ نکتہ نہایت توجہ کے ساتھ ملحوظ رکھنا چاہئے کہ ان موقعوں پر غلطی کا سخت احتمال ہے، اکثر اشعار جو پیچیدہ اور ناقابل فہم ہو جاتے ہیں، اس کی وجہ یہی ہوتی ہے کہ شاعر مضمون کا بعض حصہ چھوڑ جاتا ہے اور سمجھتا ہے کہ گردوپیش کا مصالحہ اس خلا کو بھر دے گا، حالانکہ وہ اس کو نہیں بھر سکا۔ اسی قسم کے اشعار بعض جگہ مہمل بن جاتے ہیں۔

مخالف پہلو کا دکھانا

محاکات کی تکمیل بعض اوقات مخالف پہلو دکھانے سے ہوتی ہے، ایک سفید چیز کے سامنے سیاہ چیز رکھ دی جائے تو سفیدی اور زیادہ نمایاں ہو جائے گی اسی طرح اکثر کسی حالت کے زیادہ نمایاں کرنے میں یہ طریقہ کام آتا ہے کہ اس کا مخالف پہلو دکھایا جائے، مثلاً

برہنہ دوان، دخت افراسیاب
(افراسیاب کی بیٹی، ننگی)
بر رستم آمد، دو دیدہ پُر آب
(رستم کے پاس دوڑتی اور روتی آئی)

منیژہ افراسیاب کی بیٹی تھی جو بیژن پر عاشق ہو گئی تھی اور اس جرم پر افراسیاب نے اس کو گھر سے نکال دیا تھا۔ جب اس نے رستم کا آنا سنا تو اس کے پاس روتے ہوئی گئی، اس موقع پر فردوسی کو منیژہ کی بے کسی اور غربت کی تصویر دکھانی ہے اس لئے ایک طرف تو اس کو دخت افراسیاب کے لفظ سے تعبیر کرتا ہے تاکہ اس کی عزت اور حرمت کا تصور سامنے آئے، دوسری طرف کہتا ہے کہ وہ ننگی دوڑتی ہوئی آئی، جس سے اس کی ذلت ثابت ہوتی ہے، ان دونوں پہلوؤں کے دکھانے سے منیژہ کا بے کس اور قابل رحم ہونا

مجسم بن کر سامنے آجاتا ہے۔

منیژہ منم دخت افراسیاب

(میں افراسیاب کی بیٹی منیژہ ہوں)

برہنہ ندیدہ تنم آفتاب

(میرا جسم آفتاب نے بھی برہنہ نہیں دیکھا)

برائے یکے بیژن شور بخت

(کم بخت بیژن کے لئے)

فتادم ز تاج و فتادم ز تخت

(میرا تاج اور تخت سب جاتا رہا)

یہ دونوں شعر بھی اسی وجہ سے مؤثر ہیں کہ متقابل حالتیں پیش کی ہیں۔ یعنی جس کو آفتاب نے برہنہ نہیں دیکھا وہ ایک بد بخت کی وجہ سے اس حالت میں گرفتار ہے۔

تشبیہ کے ذریعہ سے محاکات

محاکات کا ایک بڑا آلہ تشبیہ ہے۔ اکثر اوقات ایک چیز کی اصلی تصویر جس طرح تشبیہ سے دکھائی جاسکتی ہے وہ دوسرے طریقہ سے ادا نہیں ہوسکتی، لیکن چونکہ تشبیہ کی بحث آگے تفصیل سے آئے گی اس لئے اس موقع پر ہم اس کو قلم انداز کرتے ہیں۔

مبہم طریقہ سے محاکات

اگرچہ جیسا کہ ہم اوپر لکھ آئے ہیں محاکات کا کمال یہی ہے کہ اس چیز کی پوری تصویر کھینچی جائے جس کا طریقہ یہ ہے کہ تمام جزئیات کا استقصا کیا جائے، یا بعض جزئیات کو نمایاں کرکے دکھایا جائے، لیکن بعض جگہ محاکات کے مؤثر ہونے کے لئے یہ ضروری ہے کہ تصویر ایسی دھندلی کھینچی جائے کہ اکثر حصے اچھی طرح نظر نہ آئیں۔

عالم ارواح یا ملائکہ کی جو فرضی تصویر کھینچی جاتی ہے، اس میں صورتوں کو اور لباس کو نمایاں نہیں کرتے کیونکہ انسان پر ایک شے کی عظمت کا اثر اس وقت زیادہ پڑتا ہے جب وہ اچھی طرح نظر نہ آئے۔ ذخّار سمندر کی تصویر اس طرح کھینچتے ہیں کہ موجیں، اور آسمان کی فضا دھندلی نظر آئے۔ اندھیری راتوں میں دور سے جنگل میں کوئی دھندلا سا عکس نظر آتا ہے تو انسان ہیبت زدہ ہو جاتا ہے کہ معلوم نہیں کس درجہ کی مہیب چیز ہے۔

اسی طرح بعض اوقات جب کسی چیز کی عظمت کی تصویر کھینچنی مقصود ہوتی ہے تو تصویر کے حصے نمایاں نہیں کئے جاتے اور واقعہ کے تمام اجزا ذکر نہیں کرتے، برک نے لکھا ہے کہ ملٹن کی پیریڈائز لاسٹ (گم شدہ فردوس) میں سب سے زیادہ شاعری اس موقع پر صرف کی گئی ہے، جہاں شیطان کی تعریف ہے اور وہاں اسی طریقے سے کام لیا گیا ہے۔

فارسی میں اس کی مثال حسب ذیل ہے،

مگر شہ نداند کہ در روز جنگ ما

(کیا بادشاہ نہیں جانتا کہ لڑائی کے دن)

چہ سرہا بریدم در اقصمائے زنگ

(جیش میں میں نے کتنے سر کاٹے)

بہ یک تاختن تا کجا تاختم

(ایک حملہ میں کہاں سے کہاں پہنچ گیا)

چہ گردن کشاں را سر انداختم

(کتنے گردن کشوں کے سر اڑا دیے)

یہ وہ موقع ہے جہاں سکندر نے دارا کو خط لکھا ہے اور اپنے کارنامے بیان کرتا ہے۔ اگر اس موقع پر یہ بتا دیتا کہ وہ کہاں سے کہاں تک گیا تھا تو وہ بات نہ پیدا ہوتی جو اس اجمال سے ہوتی ہے،

بہ یک تاختن تا کجا تا ختم

تخئیل کی تفصیلی بحث

اگرچہ محاکات اور تخئیل دونوں شعر کے عنصر ہیں۔ لیکن حقیقت یہ ہے کہ شاعری دراصل تخئیل کا نام ہے۔ محاکات میں جو جان آتی ہے تخئیل ہی سے آتی ہے ورنہ خالی محاکات نقالی سے زیادہ نہیں۔ قوت محاکات کا یہ کام ہے کہ جو کچھ دیکھے یا سنے، اس کو الفاظ کے ذریعہ سے بعینہ ادا کر دے۔ لیکن ان چیزوں میں ایک خاص ترتیب پیدا کرنا، تناسب اور توافق کو کام میں لانا، ان پر آب و رنگ چڑھانا، قوت تخئیل کا کام ہے، قوت تخئیل مختلف صورتوں میں عمل کرتی ہے۔

(۱) شاعر کی نظر میں عالم کائنات اور قوت تخئیل سے ایک اور عالم بن جاتا ہے۔ ہم کائنات کی دو قسمیں کرتے ہیں۔ احساس اور غیر احساس۔ لیکن شاعر کے عالم تخئیل کا ذرہ ذرہ جاندار اور ہوش و عقل و جذبات سے لبریز ہے۔ آفتاب، ماہتاب، ستارے، صبح، شام، شفق، باغ، پھول، پتے، سب اس سے ہم زبانی کرتے ہیں۔ سب اس کے راز دار ہیں، سب سے اس کے تعلقات ہیں، وہ شب وصل اور صبح وصل سے یوں خطاب کرتا ہے،

اے شب! اگرت ہزار کاراست مرد

(اے رات تجھ کو آج ہزاروں کام سہی، لیکن نہ جا)

اے صبح گرت ہزار شادی است مخند

(اے صبح! تجھ کو ہزاروں خوشیاں سہی، لیکن نہ ہنس)

شب وصل میں وہ آسمان سے کہتا ہے،

نہ گویم اے فلک کز کجروی ہاے تو بر گردی

(اے آسمان میں تجھ سے یہ تو نہیں کہتا کہ تو اپنی کجروی سے باز آ)

شب وصل است، خواہم ایں قدر آہستہ تر گردی

(لیکن اتنا کہ آج شب وصل ہے، ذرا آہستہ چل کہ جلدی صبح نہ ہو)

عالم فطرت شاعر کے اثر میں ہے، وہ سب پر حکومت کرتا ہے، اور ان سے کام لیتا ہے، اس کو اپنے ممدوح کے تاج پر موتی ٹانکنے کی ضرورت پیش آتی ہے تو کارکنان فطرت کے نام احکام صادر کرتا ہے۔

عَلم بر کش اے آفتاب بلند

(اے آفتاب بلند ہو)

خراماں شو، اے ابر مشکین پرند

(اے بادل چل)

ببار اے ہوا، قطرۂ ناب را

(اے ہوا پانی برسا)

بگیر اے صدف، دُر کناں آب را

(اے سیپ اس پانی کے قطرہ کو موتی بنا)

بر آے دُر از قعر دریائے خویش

(اے موتی دریا کی تہ سے نکل)

بہ تاج سر شاہ کن جائے خویش

(اور بادشاہ کے تاج پر جا کر جگہ لے)

افراد کائنات اس سے عجیب عجیب راز کہتے ہیں، مثلا،

گلے خوشبوے در حمام روزے

(مجھ کو ایک دن، ایک دوست)

فتاد از دست محبوبے بدستم

(نے، خوشبودار مٹی دی،)

بدو گفتم کہ مشکی یا عبیری

(میں نے اس سے کہا تو مشک ہے یا عبیر)

کہ از بُوے دل آویز تو مستم

(کہ میں تیری خوشبو سے مست ہوا جاتا ہوں)

بگفتا من گلے ناچیز بودم

(بولی کہ میں ایک ناچیز مٹی تھی)

ولیکن مدتے با گل نشستم

(لیکن چند روز پھول کی صحبت میں رہے)

جمال ہمنشین در من اثر کرد

(ہمنشین کا جمال مجھ میں اثر کر گیا)

وگرنہ منہمان خاکم کہ ہستم

(ورنہ میں تو اب بھی وہی مٹی ہوں جو پہلے تھی)

اسی عالم کا ایک اور واقعہ ہے،

یکے قطرہ باران زابرے چکید

(پانی کا ایک قطرہ بادل سے ٹپکا)

خجل شد جو پہنائے دریا بدید
(دریا کا پاٹ دیکھ کر شرمایا)
کہ جائے کہ دریاست من کیستم
(کہ دریا کے ہوتے میں کیا چیز ہوں)
گر او ہست حقا کہ من نیستم
(اگر دریا ہے تو میں نہیں ہوں)
چو خود را بہ چشم حقارت بدید
(چونکہ اس نے اپنے آپ کو حقیر سمجھا)
صدف در کنارش بہ جان پرورید
(اس لئے سیپ نے اس کو اپنی گود میں پالا)

اس عالم میں شاعر کی تاریخ زندگی عجیب دلچسپیوں سے بھری ہوتی ہے، بلبل نے اسی عالم میں اس سے زمزمہ سنجی کی تعلیم پائی ہے، پروانے اس کے ساتھ کے کھیلے ہوئے ہیں، شمع سے رات رات بھر وہ سوز دل کہتا رہا ہے، نسیم سحری کو اکثر اس نے قاصد بنا کر محبوب کے یہاں بھیجا ہے، بارہا اس نے غنچہ کی عین اس وقت پردہ دری کی جب وہ معشوق کا تبسم چرا رہا تھا۔

شاعر کا احساس، نہایت لطیف، تیز اور مشتعل ہوتا ہے۔ عام لوگوں کے جذبات بھی خاص خاص حالتوں میں مشتعل ہو جاتے ہیں اور اس وقت وہ بھی مظاہر قدرت سے اسی طرح خطاب کرنے لگتے ہیں۔ خیال کرو ایک عورت جس کا جوان بیٹا مر گیا ہے کس کس طرح موت کو، آسمان کو، زمین کو، کوسنے دیتی ہے، کس طرح ان سے خطاب کرتی ہے، اس کو صاف نظر آتا ہے کہ یہ سب اس کے دشمن ہیں۔ انہی نے اس کے پیارے بیٹے کو

اس سے چھین لیا ہے، انہوں نے دانستہ اس پر ظلم کیا ہے۔ لیکن شاعر کے تمام احساس اور جذبات، سریع الانفعال، سریع الحس اور زود اشتعال ہوتے ہیں، وہ معشوق کی گلی میں جاتا ہے، تو اس کو اعلانیہ در و دیوار سے ایک لذت محسوس ہوتی ہے، اس کو وہ ایک خاص علامت قرار دیتا ہے کہ معشوق گھر میں موجود ہے، کیونکہ جب کبھی معشوق گھر میں نہیں ہوتا تو اس کو یہ لذت نہیں محسوس ہوتی، اسی بنا پر شاعر کہتا ہے،

مگر از خانہ بروں بود کہ شب در کویش
(شاید وہ کل گھر میں نہ تھا، کیونکہ کل مجھ کو)
ہیچ ذوقم ز نگاہِ در و دیوار نہ بود
(در و دیوار کے دیکھنے سے کچھ لذت نہیں ملتی تھی)

واقعات عالم پر جب وہ عبرت کی نظر ڈالتا ہے تو ایک ایک ذرہ ناصح بن کر، اس کو اخلاق اور عظمت کی تعلیم دیتا ہے، اس عالم میں وہ گور غریباں میں جا نکلتا ہے تو بوسیدہ ہڈیاں علانیہ اس سے خطاب کرتی ہیں۔

کہ زنہار، اگر مردے آہستہ تر
(بھائی! ذرا دیکھ کر چل)
کہ چشم و بنا گوش در وے است و سر
(یہاں آنکھیں ہیں، چہرے ہیں سر ہیں)

عالم شوق میں وہ پھول ہاتھ میں اٹھا لیتا ہے تو اس کو صاف معشوق کی خوشبو آتی ہے اور پھول سے مخاطب ہو کر کہتا ہے۔۔۔

اے گل بہ تو خرسندم تو بوے کسے داری

یہ باتیں کسی اور زبان سے ادا ہوں تو ہم اس کو مجنوں سمجھیں گے، لیکن شاعر، اس

انداز سے کہتا ہے کہ سننے والوں پر اثر ہوتا ہے، کیونکہ جو کچھ وہ کہتا ہے، اثر میں ڈوبا ہوا ہوتا ہے اور ایک حقیقی حالت کی تصویر ہوتا ہے۔ شاعر بعض وقت خود اقرار کرتا ہے کہ جو کچھ وہ دیکھ رہا ہے، ممکن ہے کہ وہ واقعی نہ ہو، صرف اسی کو ایسا نظر آتا ہے، لیکن اس بات کو بھی وہ اس انداز سے کہتا ہے کہ اس کے متاثر ہونے سے، سب متاثر ہو جاتے ہیں، مثلاً،

دارو جمال روئے تو، امشب تماشائے دگر
(تیرا حسن ہی آج کی رات کچھ بڑھ گیا ہے)
یا آن کہ من مے بینمش، بہتر ز شبہائے دگر
(یا کچھ مجھی کو اور راتوں کی بہ نسبت زیادہ خوشنما معلوم ہوتا ہے)

(۲) یہ نہیں خیال کرنا چاہئے کہ تخئیل صرف خیالی اور سیمیاوی صورتوں کا نام ہے، جو جذبات کے طاری ہونے کے وقت نظر آتی ہیں۔ تخئیل نے اکثر وہ راز کھولے ہیں جو نہ صرف عوام بلکہ خواص کی نظر سے بھی مخفی تھے۔ دقت آفرینی اور حقیقت سنجی جو فلسفہ کی بنیاد ہے تخئیل ہی کا کام ہے۔ اسی بنا پر شاعری اور فلسفہ دو برابر درجہ کی چیزیں تسلیم کی گئی ہیں کیونکہ دونوں میں تخئیل یکساں کام کرتی ہے۔ ہومر یونان کا مشہور شاعر اس زمانہ میں تھا، جب یونان میں فلسفہ کا وجود بھی نہ تھا اور اس وجہ سے وہ فلسفہ وغیرہ سے ناآشنا تھا، تاہم ارسطو نے اپنی کتاب المنطق میں شاعر کے جو علمی اصول منضبط کئے اسی کے کلام سے کئے ہیں، چنانچہ ہر جگہ اس کے حوالے دیتا ہے۔ گیزوجو فرانس کا مشہور مصنف ہے، لکھتا ہے،

"ہومر کے شعر میں جو یہ باتیں نظر آتی ہیں کہ وہ خیر اور شر، ضعف اور قوت، فکر اور جذبات کو ساتھ ساتھ دکھاتا ہے اور خیالات اور اقوال کا تنوع اور فطرت کے حالات

کو اس وسعت اور رنگ برنگ طریقوں سے لکھتا ہے کہ شاعرانہ جذبات کو اشتعال ہوتا ہے جس کی نظیر نہیں مل سکتی۔ اس کی وجہ یہ ہے کہ اس کے کلام میں ہر اصل کی اصل اور انسان اور عالم کائنات کی حقیقت مندرج ۳ ہے۔

ارسطو نے علم الاخلاق پر جو کتاب لکھی اور جو محقق طوسی اور جلال الدین دوانی کے ذریعہ سے فارسی زبان میں آگئی ہے، ہمارے سامنے ہے۔ لیکن شاعری نے فلسفہ اخلاق کے جو نکتے ادا کئے ارسطو کی کتاب میں نہیں ملتے۔ نہ صرف اخلاق بلکہ واردات قلبی، فطرت انسانی، عام معاشرت کے متعلق، شعرا نے جو فلسفیانہ نکتے پیدا کئے، فلسفہ کی کتابیں ان سے خالی ہیں۔

تخئیل، مسلّم اور طے شدہ باتوں کو سرسری نظر سے نہیں دیکھتی بلکہ دوبارہ ان پر تنقید کی نظر ڈالتی ہے اور بات میں بات پیدا کرتی ہے۔ مثلاً اہل منطق نے تمام چیزوں کی دو قسمیں کی ہیں۔ بدیہی اور نظری۔ بدیہی ان چیزوں کو کہتے ہیں جو غور اور فکر کی محتاج نہیں اس بنا پر وہ بدیہیات کے متعلق غور و فکر کو ضروری نہیں سمجھتے لیکن شاعر کہتا ہے،

ہر کس نہ شناسندۂ رازست و گرنہ
(ہر شخص راز کا شناسا نہیں ورنہ)
اینہا ہمہ رازست کہ مفہوم عوام است
(یہ چیزیں جو عوام کی معلومات ہیں سب کے سب راز ہیں)

سینکڑوں مسائل کو لوگ یقینی اور بدیہی سمجھتے تھے، لیکن آج جدید تحقیقات نے ثابت کر دیا کہ وہ غلط تھے، اس لئے غور و فکر کے محتاج تھے۔ جدید سائنس نے آج ثابت کیا کہ ہر شے متحرک ہے، جن چیزوں کو ہم ساکن سمجھتے ہیں، ان کے بھی ذرات متحرک ہیں، گو ہم کو محسوس نہیں ہوتے، ہمارے شاعر نے آج سے دو سو برس پہلے شاعرانہ انداز

میں کہا تھا،

موجیم کہ آسودگی ماعدم ماست

(ہم موج ہیں، ہمارا ٹھہر جانا ہمارا فنا ہو جانا ہے)

زندہ بہ آنیم کہ آرام نہ گیریم

(ہماری زندگی یہی ہے کہ ہم چین سے نہ بیٹھیں)

فلسفہ سے ثابت ہوتا ہے کہ تمام عالم میں متضاد چیزیں ہیں اور ان میں مقابلہ اور مزاحمت ہے۔ مثلاً حرارت و برودت، سکون و حرکت، انحلال و ترکیب، بہار و خزاں، ظلمت و نور، عزت و ذلت، صبر و غضب، عفت و فسق، جود و بخل۔ انہی کی باہمی کشمکش اور موازنہ سے یہ عالم قائم ہے وگرنہ اگر ان میں صلح ہو جائے یعنی صرف ایک نوع کی چیزیں رہ جائیں تو عالم برباد ہو جائے، اس نکتہ کو مولانا روم نے ان مختصر لفظوں میں ادا کر دیا،

ایں جہاں جنگ است کل چوں بنگری

عام طور پر مسلم ہے کہ بحث و تقریر اور مناظرہ و مکالمہ کے لئے بڑی لیاقت درکار ہے لیکن خواجہ عطار فرماتے ہیں،

باز باید فہم و عقل بے قیاس

تاشود خاموش یک حکمت شناس

یعنی بولنے کے لئے جس قدر عقل درکار ہے چپ رہنے کے لئے اس سے بھی زیادہ عقل درکار ہے، کیونکہ جب انسان تحقیق اور تجربہ کے تمام مراحل طے کر چکتا ہے، اس وقت اس کو یہ معلوم ہوتا ہے کہ جو کچھ اس نے اب تک جانا یہ سب ہیچ تھا۔ چنانچہ سقراط سے جب لوگوں نے پوچھا کہ آپ کو اتنے دنوں کی غور و فکر کے بعد کیا معلوم ہوا؟ تو اس نے کہا "یہ معلوم ہوا کہ کچھ نہیں معلوم ہوا۔" اور جب یہ مرتبہ حاصل ہو گا تو خواہ مخواہ

انسان چپ ہو جائے گا، اس لئے چپ ہونے کے لئے بولنے سے زیادہ عقل اور تجربہ درکار ہے۔

جبر وقدر کے مسئلہ میں بڑے غور اور فکر کے بعد ارباب اختیار نے یہ استدلال کیا تھا کہ ہمارا ارادہ ہمارا اختیاری فعل ہے، اس لئے ہم مجبور نہیں بلکہ مختار ہیں، لیکن سحابی نے اس استدلال کی غلطی کا پردہ اس طرح فاش کیا،

بے حکمش نیست ہر سرزد ازما

ماموره اوست نفس امارّہ ما

یعنی یہ ہمارا اختیار بھی مجبوری ہے، ہمارا نفس ہم کو بیشک حکم دیتا ہے، لیکن اس حکم دینے میں وہ خود کسی اور کا محکوم ہے۔ غرض اس قسم کے سینکڑوں ہزاروں نکتے ہیں جو قوت تخئیل نے حل کئے ہیں۔ فلسفیانہ شاعری پر جہاں ریویو آئے گا وہاں اس کی مثالیں کثرت سے ملیں گی۔

قوت تخئیل کی استدلال کا طریقہ عام استدلال سے الگ ہوتا ہے، وہ ان باتوں کو جو اور طرح سے ثابت ہو چکی ہیں، نئے طریقے سے ثابت کرتی ہے۔ یہ طریقہ استدلال گو ایک قسم کا منطقی مغالطہ ہوتا ہے، یا خطابیات پر مبنی ہوتا ہے۔ لیکن قوت تخئیل کے عالم سے شاعر اس کو اس انداز میں بیان کرتا ہے کہ سامع اس کی صحت و غلطی کی طرف متوجہ نہیں ہو سکتا، بلکہ اس کی دلفریبی سے مسحور ہو جاتا ہے اور بے ساختہ آمنّا بول اٹھتا ہے۔ مثلاً یہ بات کہ جو لوگ رسیدہ اور صاحب کمال ہوتے ہیں وہ خاکسار ہوتے ہیں۔ اس کو شاعر اس طرح ثابت کرتا ہے،

فروتنی است دلیل رسیدگان کمال

(خاکساری، کامل ہونے کی دلیل ہے)

کہ چوں سوار بہ منزل رسد پیادہ شود

(کیونکہ سوار جب منزل پر پہنچ جاتا ہے تو پیادہ ہو جاتا ہے)

عزت شاہ و گدا ازیر زمین یکساں است

می کند خاک برائے ہمہ کس جا خالی

قبر میں جاکر بادشاہ اور فقیر سب برابر ہو جاتے ہیں اور سب عزت یکساں رہ جاتی ہے۔ اس دعویٰ کو شاعر یوں ثابت کرتا ہے کہ دیکھو زمین سب کے لئے جگہ خالی کر دیتی ہے، (جگہ خالی کرنا تعظیم کو کہتے ہیں)

روشندلان خوشامد شاہاں نہ کردہ اند

آئینہ عیب پوش سکندر نمی شود

یعنی جو لوگ روشندل اور صاف طینت ہیں وہ بادشاہوں اور امیروں کی خوشامد نہیں کرتے۔ اس کا ثبوت یہ ہے کہ آئینہ نے سکندر کی عیب پوشی نہیں کی۔ حالانکہ (بقول شاعر) آئینہ سکندر ہی کی ایجاد ہے۔

قطع امید کردہ نخواہد نعیم دہر

شاخ بریدہ را نظرے بر بہار نیست

یعنی جس نے امید قطع کرلی اس کو پھر دنیا کے عیش و آرام کی پروا نہیں رہتی، جو شاخ درخت سے کاٹ لی جاتی ہے اس کو بہار کا انتظار نہیں ہوتا۔

روشندلاں، حباب صفت دیدہ بستہ اند

روزن چہ احتیاج اگر خانہ تار نیست

یعنی جو لوگ روشن دل ہیں وہ ظاہری آنکھیں بند کرلیتے ہیں، اور دل کی آنکھوں

سے دیکھتے ہیں۔ چنانچہ حضرات صوفیہ کے تمام ادراکات قلبی واردات ہوتے ہیں جن کو ظاہر بینائی سے کوئی تعلق نہیں۔ اس کو شاعر اس طرح ثابت کرتا ہے کہ گھر اگر خود روشن ہے تو موکھے اور دریچے کی کیا ضرورت ہے۔ جس طرح حباب کا گھر کہ خود روشن ہے اس لئے اس میں روزن اور موکھا نہیں ہوتا۔

علت و معلول اور اسباب و نتائج کا عام طرح پر جو سلسلہ تسلیم کیا جاتا ہے، شاعر کی قوت تخئیل کا سلسلہ اس سے بالکل الگ ہے۔ وہ تمام اشیاء اپنے نقطہ خیال سے دیکھتا ہے اور یہ تمام چیزیں اس کو ایک سلسلہ میں مربوط نظر آتی ہیں، ہر چیز کی غرض، غایت، اسباب، محرکات، نتائج، اس کے نزدیک وہ نہیں جو عام لوگ سمجھتے ہیں۔ مثلاً،

در عدم، ہم ز عشق شورے ہست
گل گریبان دریدہ می آید

پھول جو کھلتا ہے اس کو گریبان دریدہ کہتے ہیں۔ شاعر کہتا ہے کہ عدم میں بھی عشق کا چرچا ہے اور وہاں بھی لوگ عشق اور محبت کے جوش میں کپڑے پھاڑ ڈالتے ہیں، چنانچہ پھول جو عالم عدم سے آیا ہے گریبان دریدہ آیا ہے،

برقع بہ رخ افگندہ برد ناز بہ باغش
تانکہت گل بیختہ آید بہ دماغش

معشوق جالی کا نقاب پہن کر باغ کی سیر کو نکلا۔ شاعر کو قوت تخئیل سے یہ نظر آتا ہے کہ معشوق چونکہ نہایت نازک اور لطیف الطبع ہے، اس لئے چاہتا ہے کہ پھولوں کی خوشبو دماغ میں آئے تو چھن کر آئے اس لئے اس نے جالی کا نقاب پہن لیا ہے۔

زاہد ز خدا ارم بہ دعویٰ طلبد
شدّاد ہمانا، پسر داشتہ است

شاعر کو معلوم ہے کہ شداد ایک شخص تھا جس نے ایک بہشت بنائی تھی، اور اس کا نام ارم رکھا تھا، فرشتے خدا کے حکم سے اس بہشت کو اڑا لے گئے اور اب وہ اور بہشتوں کے ساتھ شامل ہے۔ شاعر کو یہ بھی معلوم ہے کہ زاہدوں کو دعویٰ ہوتا ہے کہ ان کو جنت ضرور ملے گی۔ اب شاعر کی قوت تخئیل یہ نتیجہ پیدا کرتی ہے کہ غالباً زاہد شداد کے خاندان میں ہے اس لئے اس کو دعویٰ ہے کہ بہشت چونکہ اس کے مورث (شداد) کا ترکہ ہے اس لئے اس کو وراثت میں ضرور ملے گی۔

وضع زمانہ قابل دیدن دوبارہ نیست

(زمانہ کی وضع، دوبارہ دیکھنے کے قابل نہیں)

روپس نہ کرد ہر کہ ازیں خاکدان گذشت

(اسی لئے جو یہاں سے جاتا ہے پھر واپس نہیں آتا)

یہ سب جانتے ہیں کہ کوئی شخص مر کر زندہ نہیں ہوتا۔ شاعر کے نزدیک اس کی وجہ یہ ہے کہ دنیا کے مکروہات اس قابل نہیں کہ کوئی شخص اس کو ایک دفع دیکھ کر دوبارہ دیکھنا چاہے، اس لئے جو شخص دنیا سے جاتا ہے پھر واپس نہیں آتا۔

سپر مردم دون راکند خریداری

بخیل سوئے متاعے رود کہ ارزاں است

اکثر نالائق لوگ بڑے مرتبہ پر پہنچ جاتے ہیں۔ شاعر کے نزدیک اس کی وجہ یہ ہے کہ بخیل جب کوئی چیز خریدنے کو بازار میں جاتا ہے تو سستی ہی چیزوں کی طرف جھکتا ہے۔ اس لئے زمانہ بھی کمینے اور نالائق آدمیوں کی طرف توجہ کرتا ہے۔

دیدی کہ خون ناحق پروانہ شمع را

(تم نے دیکھا! پروانہ کے خون نے شمع کو)

چنداں امان نداد کہ شب راسحر کند
(اتنی مہلت بھی نہ دی کہ ایک رات بھی زندہ رہنے پاتی)

پروانہ شمع پر گر کر جل جاتا ہے، شمع صبح کے وقت بجھادی جاتی ہے۔ اب شاعر کی قوت تخئیل ان واقعات سے یہ نتیجہ پیدا کرتی ہے کہ یہ وہی پروانہ کا انتقام ہے کہ شمع ایک رات بھی زندہ نہ رہنے پائی۔

قوت تخئیل ایک چیز کو سو سو دفعہ دیکھتی ہے اور ہر دفعہ اس کو اس میں ایک نیا کرشمہ نظر آتا ہے۔ پھول کو تم نے سینکڑوں بار دیکھا ہوگا اور ہر دفعہ تم نے صرف اس کی رنگ و بو سے لطف اٹھایا ہوگا۔ لیکن شاعر قوت تخئیل کے ذریعہ سے ہر بار نئے نئے پہلو سے دیکھتا ہے اور ہر دفعہ اس کو نیا عالم نظر آتا ہے۔ وہ اس کی خوشبو سے لطف اٹھاتا ہے تو بے ساختہ معشوق کی بوئے خوش یاد آجاتی ہے اور کہتا ہے،

اے گل بتو خرسندم تو بوے کسے داری
(اے پھول میں تجھ سے خوش ہوں تجھ سے کسی کی خوشبو آرہی ہے)

وہ دیکھتا ہے کہ دو ہی چار روز کے عرصہ میں پھول کا درخت اُگا، کلی پھوٹی، پھول کھلا، اور پھر خشک ہو کر گر پڑا، اس سے اس کو زمانہ کی بے وفائی کا خیال آتا ہے اور کہتا ہے،

بے مہریٔ دہر بین کہ دریک ہفتہ
(زمانہ کی سرد مہری دیکھو کہ ایک ہی ہفتہ میں)
گل سرزد و غنچہ کرد و بشگفت و بریخت
(پھول نے سر نکالا، غنچہ ہوا، کھلا، اور پھر گر پڑا)

پھول پر شبنم دیکھتا ہے تو کہتا ہے،

نہ شبنم است چمن رابروئے آتشناک
عرق زردئے تو کردہ است گل بدامن پاک

یعنی شبنم نہیں ہے بلکہ پھول نے اپنے دامن سے معشوق کے چہرہ کا پسینہ پونچھا ہے۔ ہری بھری ٹہنی میں پھول دیکھے تو خیال پیدا ہوا کہ شراب کے لال لال گلاس ہیں، پھر یہ رشک ہوا کہ کاش میں بھی ایک ہاتھ میں اس قدر گلاس لے سکتا۔ اس خیال کو یوں ادا کرتا ہے،

دیدہ ام شاخ گلے بر خویش مے پیچم کہ کاش
(میں نے ایک پھول کی شاخ دیکھی، مجھ کو رشک آتا ہے کہ)
می توانستم بہ یکدست ایں قدر ساغر گرفت
(کاش میں بھی، ایک ہاتھ میں اتنے پیالے لے سکتا)

پھول میں جو ریزے ہوتے ہیں، ان کو زر گل کہتے ہیں، کلی جب کھلتی ہے تو یہ معلوم ہوتا ہے کہ گرہ کھل رہی ہے۔ ان دونوں باتوں کے مجموعہ سے شاعر نے یہ خیال پیدا کیا۔

در چمن بادِ سحر، بوئے تو سودا، می کرد
(باغ میں، باد صبا، معشوق کی خوشبو فروخت کر رہی تھی)
گل بہ کف داشت زر و غنچہ گرہ وامی کرد
(اس لئے اس کے خریدنے کو پھول کے ہاتھ میں زر تھا کلی گرہ کھول رہی تھی)

اوچھے اور کم ظرف لوگوں کا قاعدہ ہے کہ ہر شخص سے پہلی ہی ملاقات میں بے تکلف ہو جاتے ہیں اور کھل کھیلتے ہیں لیکن باوقار لوگ جب کسی مجلس میں پہلے پہل شریک ہوتے ہیں تو رکے رکے رہتے ہیں۔ شاعر نے دیکھا کہ پھول جب نکلتا ہے تو غنچہ ہوتا ہے، پھر کھل کر پھول بن جاتا ہے۔ اس سے اس کو خیال پیدا ہوا کہ یہ وہی اصول

ہے۔ چنانچہ کہتا ہے،

در مجلسے کہ تازہ در آئی گرفتہ باش

اول بباغ، غنچہ، گرہ بر جبیں زند

گرفتہ کے معنی "رکے رہنے" کے ہیں۔ گرہ بر جبین زدن، بھی اس کے قریب ہے۔ شعر کا مطلب یہ ہے کہ جس مجلس میں پہلے پہل جاؤ تو خود داری کے ساتھ بیٹھو، غنچہ جب باغ میں آتا ہے تو اس کی پیشانی پر گرہ ہوتی ہے۔

پھول کے پتے کو ہوا میں اڑتے دیکھا، تو یہ خیال پیدا ہوا کہ باغ نے خط دے کر معشوق کے پاس قاصد بھیجا ہے۔

برگ گل رابکف بادِ صبامے بینم

(باد صبا کے ہاتھ میں پھول کا پتہ نظر آتا ہے)

باغ ہم جانب او نامہ برے پیدا کرد

(غالباً باغ نے معشوق کے ہاں قاصد بھیجا ہے)

سُرخ سُرخ پھول دیکھے، تو خیال ہوا کہ باغ میں چراغاں کیا گیا ہے، اوپر بادل نظر پڑے تو سمجھا کہ یہ اسی کا دھواں ہے،

ابر در صحن چمن دود چراغان گل است

اگلے زمانہ میں دستور تھا کہ جب کوئی کتاب یا کاغذ بے کار ہو جاتا تھا تو اس کو پانی سے دھو ڈالتے تھے۔ شاعر نے پھول کا پتہ پانی میں تیرتا ہوا دیکھا تو خیال پیدا ہوا کہ،

دختر حسن بہار است کے در عہد تو شست

برگ گل نیست کہ از باد در آب افتادہ است

یعنی یہ پھول کا پتہ نہیں جو پانی میں نظر آرہا ہے، بلکہ بہار نے معشوق کا حسن دیکھ کر

اپنے حسن کا دفتر پانی سے دھو ڈالا۔

کسی خوشرو، حسین کے ہاتھ میں پھول دیکھا تو اس سے زیادہ خوشنما معلوم ہوا جتنا اس وقت معلوم ہوتا تھا، جب وہ ٹہنی میں تھا، اس بنا پر کہتا ہے،

زغارتِ چمنت، بر بہار منت ہاست

(تو نے باغ کو لوٹا تو بہار پر احسان کیا کیونکہ تیرے ہاتھ میں پھول)

کہ گہ بدست تو از شاخ تازہ تر ماند

(اس سے زیادہ خوشنما ہے جتنا پہلے تھا یعنی جب ٹہنی میں تھا)

پو پھٹتے جو روشنی پھیل جاتی ہے، اس کو شیر صبح کہتے ہیں، تبسم اور ہنسی کو شیریں باندھتے ہیں، صبح کے وقت پھولوں کا کھلنا نہایت خوشگوار ہوتا ہے، ان باتوں سے شاعر کی قوت تخئیل نے یہ خیال پیدا کیا،

شیرینی تبسم ہر غنچہ را مپرس

در شیر صبح خندہ گل ہا شکر گذاشت

یعنی غنچہ کے تبسم میں جو شیرینی ہے اس کا بیان نہیں ہو سکتا یہ معلوم ہوتا کہ شیر صبح میں خندہ گل نے شکر گھول دی ہے۔

اس قسم کے سینکڑوں خیالات ہیں جو قوت تخئیل نے صرف ایک پھول سے پیدا کئے۔ اس سے اندازہ کر سکتے ہو کہ قوت تخئیل کی موشگافیاں اور دقیقہ آفرینیاں کس حد تک ہیں۔

شاعر قوت تخئیل سے تمام اشیاء کو نہایت دقیق نظر سے دیکھتا ہے، وہ ہر چیز کی ایک ایک خاصیت، ایک ایک وصف پر نظر ڈالتا ہے، پھر اور چیزوں سے ان کا مقابلہ کرتا ہے، ان کے باہمی تعلقات پر نظر ڈالتا ہے، ان کے مشترک اوصاف کو ڈھونڈ کر ان سب کو

ایک سلسلہ میں مربوط کرتا ہے۔ کبھی اس کے برخلاف جو چیزیں یکساں اور متحد خیال کی جاتی ہیں ان کو زیادہ نکتہ سنجی کی نگاہ سے دیکھتا ہے اور ان میں فرق اور امتیاز پیدا کرتا ہے۔ ذیل کی مثالوں سے اس کا اندازہ ہو گا،

چناں بادوست آمیزبہ دل گرمی و جان سوزی

(میں معشوق سے اس طرح جوش شوق میں لپٹا ہوں)

کہ درہنگام جانبازی بہ دشمن، دشمن آمیزد

(جس طرح لڑائی میں دشمن سے دشمن لپٹ جاتا ہے)

دشمن کا دشمن سے، اور عاشق کا معشوق سے ملنا متضاد حالتیں ہیں۔ لیکن دونوں میں شاعر نے قدر مشترک پیدا کر دیا۔ عاشق مدت کے بعد معشوق سے جب ملتا ہے تو جس جوش اور تڑپ سے ملتا ہے، اس کی ظاہر ہیئت اس سے مشابہ ہوتی ہے جب دشمن، دشمن سے غصہ میں لپٹ جاتا ہے۔

اے برہمن! چہ زنی طعنہ کہ در معبد ما

سبحہ نیست کہ آن غیرت زنّار تو نیست

برہمن طعنہ دیتا تھا کہ مسلمانوں کے پاس زنّار نہیں۔ شاعر کہتا ہے کہ آج کل مسلمانوں کے افعال اور اقوال وہی ہیں جو کافروں کے ہیں، اس لئے ان میں اور کافروں میں فرق نہیں۔ اس بنا پر ان کی تسبیح زنّار سے کم نہیں۔ زنّار اور تسبیح بالکل مختلف بلکہ متضاد چیزیں ہیں لیکن شاعر نے دونوں کو قدر مشترک کے لحاظ سے دیکھا تو ایک نکلے۔

نالۂ مے کشم از درد تو گاہے لیکن

تابہ لب می رسد از ضعف نفس مے گردد

مسلّمات شاعری میں ہے کہ معشوق عاشقوں کی فریاد اور نالہ سے خوش ہوتے ہیں۔

شاعر اس شعر میں معشوق سے خطاب کرتا ہے کہ تو مجھ کو چپ دیکھ کر یہ سمجھتا ہے کہ میں نالہ نہیں کرتا لیکن یہ صحیح نہیں، میں نالہ کرتا ہوں لیکن ضعف اس قدر ہے کہ لب تک آتے آتے وہی نالہ سانس بن کر رہ جاتا ہے، اس میں ضمناً یہ بھی ثابت کرتا ہے کہ میں ہر وقت نالہ کرتا ہوں کیونکہ میرا ہر سانس نالہ ہی ہے۔ جو ضعف کی وجہ سے سانس بن گیا ہے۔

من آں نیم کہ حرام از حلال نشناسم
شراب با تو حلال است و آب بے تو حرام

شراب اور پانی مختلف الحکم چیزیں ہیں۔ یعنی شراب حرام ہے اور پانی حلال۔ شاعر کہتا ہے کہ دراصل دونوں کا ایک ہی حکم ہے۔ معشوق کے ساتھ پی جائے تو شراب اور پانی دونوں حلال ہیں اور معشوق کے بغیر پی جائے تو دونوں حرام ہیں۔ اس مضمون کو نہایت لطیف پیرایہ میں ادا کیا ہے۔ پہلے مصرعہ میں کہتا ہے کہ میں ایسا شخص نہیں کہ حرام اور حلال کی مجھ کو تمیز نہ ہو۔ یعنی میں فقہ کے مسائل سے باخبر ہوں اور فقیہ ہوں۔ پھر معشوق سے خطاب کر کے کہتا ہے تیرے ساتھ شراب پی جائے تو حلال ہے اور پانی تیرے بغیر پیا جائے تو حرام ہے۔ دونوں حالتوں میں دعوی کے ایک ایک جز کو چھوڑ دیا ہے کہ کہنے کی حاجت نہیں۔

بہ تکلم بہ خموشی بہ تبسم بہ نگاہ
می تواں برد بہ ہر شیوہ، دل آسان از من

گفتگو اور سکوت بالکل متضاد چیزیں ہیں، لیکن چونکہ معشوق کا سکوت اور گفتگو دونوں دلربا ہیں اس لئے دلربائی کے وصف کے لحاظ سے دونوں یکساں ہیں، اس مضمون کو نہایت خوبی سے ادا کیا ہے۔ اول تو متناقض چیزوں کو اثر کے لحاظ سے یکساں ثابت کیا،

حالانکہ مختلف چیزوں کا اثر مختلف ہونا چاہیئے، اس کے ساتھ "بہ ہر شیوہ" سے یہ خیال ظاہر ہوتا ہے کہ تکلم اور خموشی کی تخصیص نہیں بلکہ معشوق کی جو ادا ہے دل کے چھیننے کے لئے کافی ہے۔ "آسان" کے لفظ سے یہ ثابت کرنا ہے کہ دل فطرتاً درد آشنا ہے کہ ہر ادا پر فوراً لوٹ جاتا ہے۔

تخئیل کے لئے مواد

اکثر لوگوں کا خیال ہے کہ تخئیل کے لئے معلومات و مشاہدات کی ضرورت نہیں، یا ہے تو بہت کم، کیونکہ تخئیل کا عمل واقعی موجودات پر موقوف نہیں، وہ خیالی باتوں سے ہر قسم کا کام لے سکتی ہے۔ اس کی عمارت کے لئے محالات کا مصالحہ اسی طرح کام آسکتا ہے جس طرح ممکنات کا۔ وہ ایک چھوٹی سی چیز سے سینکڑوں ہزاروں خیالات پیدا کر سکتی ہے۔ چنانچہ ان شعراء نے جنہوں نے واقعات یا مشاہدات کو ہاتھ تک نہیں لگایا، خیالات کا گوناگوں عالم پیدا کر دیا۔ جلال اسیر، زلالی، شوکت بخاری، بیدل، ناصر علی وغیرہ نے صرف گل وبلبل سے دیوان تیار کر دیے اور شاعری کو چمنستان خیال بنا دیا۔

لیکن یہ خیال نہایت غلط ہے اور اسی غلطی نے متاخرین کی شاعری کو تباہ کر دیا۔ اولاً تو کوئی خیال مشاہدات اور واقعات کے بغیر پیدا نہیں ہو سکتا، جن چیزوں کو ناممکن کہتے ہیں ان کا خیال بھی در حقیقت ممکن ہی کے مشاہدہ سے پیدا ہوا ہے۔ مثلاً ہم کہتے ہیں کہ "یہ ناممکن ہے کہ ایک چیز ایک ہی وقت میں موجود بھی ہو اور معدوم بھی۔" موجود اور معدوم الگ الگ ممکن ہیں، ان دونوں کو ترکیب دے کر موجود معدوم ایک فرضی مفہوم بنایا تو محال ہو گیا لیکن یہ ظاہر ہے کہ اس مرکب کے دونوں اجزاء الگ الگ ممکن ہیں۔ شاعری میں اکثر ناممکنات یا غیر موجود چیزوں سے کام لیتے ہیں۔ مثلاً گھوڑے کی تیز روی کی تعریف کرتے ہیں تو دریائے آتش کہتے ہیں،

آتشے می دوید آب چکان

شراب کو یاقوت سیّال سے تشبیہ دیتے ہیں۔ ابونواس شراب کے بلبلوں کی تعریف میں کہتا ہے،

حصباء درٍّ علی ارضٍ مِن الذھب

(سونے کی زمین پر موتی کی خزف ریزے ہیں)

یہ سب چیزیں فرضی ہیں، لیکن ان کا خیال واقعی۔ یہ چیزوں سے پیدا ہوا ہے۔ مثلاً آگ اور دریا الگ الگ واقعی اور خارجی چیزیں ہیں، انہیں دونوں کو ملا کر "دریائے آتش" ایک خیالی مفہوم پیدا کر لیا گیا اور اس سے تیز گھوڑے کو تشبیہ دی گئی۔ اس سے ثابت ہو گا کہ کوئی خیال مشاہدات کے بغیر پیدا نہیں ہو سکتا۔ اس لئے تخیل کی وسعت کے لئے واقعات کا کثرت سے ملاحظہ کرنا خواہ مخواہ لازمی ہے۔

ابن الرومی عرب کا مشہور شاعر تھا۔ ایک دفعہ اس کو کسی نے طعنہ دیا کہ تم ابن المعتز سے بڑھ کر ہو۔ پھر ابن المعتز کی سی تشبیہیں کیوں نہیں پیدا کر سکتے؟ ابن الرومی نے کہا کہ ابن المعتز کی کوئی تشبیہ سناؤ جس کا جواب مجھ سے نہ ہو سکا ہو، اس نے یہ شعر پڑھا،

فانظر الیہ کزورقٍ من فضۃ

قد اثقلتہ حمولۃٌ من عنبر

یہ شعر ماہ نو کی تعریف میں ہے۔ شعر کا مطلب یہ ہے کہ پہلی رات کا چاند ایسا ہے جس طرح ایک چاندی کی کشتی جس پر اس قدر عنبر لاد دیا گیا ہے کہ وہ دب گئی ہے۔ کشتی پر جب بار زیادہ ہو جاتا ہے تو اس کا زیادہ حصہ پانی میں اتر جاتا ہے اور صرف کنارے دکھلائی دیتے ہیں، اس لئے ماہ نو کو کشتی کے کنارے سے تشبیہ دی ہے اور چونکہ آسمان کا

رنگ نیلگوں ہوتا ہے اس لئے قرار دیا کہ کشتی پر عنبر لدا ہوا ہے۔ ابن الرومی یہ سن کر چیخ اٹھا کہ "لا یکلف اللہ نفساً الا وسعھا" (خدا کسی کو اس کی طاقت سے زیادہ تکلیف نہیں دیتا) ابن المعتز بادشاہ اور بادشاہ زادہ ہے گھر میں جو دیکھتا ہے وہ ہی کہہ دیتا ہے، میں یہ کہاں سے لاؤں۔ ۴

چاندی اور عنبر کوئی نایاب چیز نہیں لیکن چونکہ ابن الرومی نے چاندی سونے کے ظروف نہیں دیکھے تھے، اس لئے وہ چاندی کی کشتی کا خیال پیدا نہ کر سکا، سیف الدولہ کا وہ مشہور قطعہ جس میں اس نے قوس قزح کی تشبیہ دی ہے، اس کی نسبت عام اہل ادب لکھتے ہیں کہ یہ بادشاہانہ تشبیہ ہے جو ہر ایک کے خیال میں نہیں آ سکتی۔ یعنی جب تک شاہانہ ساز و سامان نظر سے نہ گزرے ہوں اس قسم کا خیال نہیں پیدا ہو سکتا۔

ہم کو اس سے انکار نہیں کہ ایک معمولی سے معمولی چیز پر قوت تخئیل مدتوں صرف کی جا سکتی ہے اور سینکڑوں مضامین پیدا کئے جا سکتے ہیں، جس کی مخصوص مثال شعرائے متاخرین کی نکتہ آفرینیاں ہیں، لیکن اس کی مثال سرکس کے گھوڑے کی ہے جو ایک خیمہ کے اندر طرح طرح کے تماشے دکھا سکتا ہے، لیکن طے منازل میں، میدان جنگ میں، گھوڑ دوڑ میں کام نہیں آسکتا ہے، اسی طرح تخئیل کا عمل بھی ایک محدود دائرہ میں جاری رہ سکتا ہے، لیکن اس کی وسعت کیا ہو گی؟ اور ایسی شاعری کس کام آئے گی؟ وہ شاعری جو ہر قسم کے جذبات کا آئینہ بن سکتی ہو جو فطرت انسانی کا راز کھول سکتی ہو، جو تاریخی واقعات کو دلچسپی کے منظر پر لا سکتی ہو، جو فلسفہ اخلاق کے دقایق بتا سکتی ہو، اس کے لئے ایسا محدود تخئیل کیا کام آسکتا ہے۔

تخئیل جس قدر قوی، باریک، متنوع اور کثیر العمل ہو گی اسی قدر اس کے لئے مشاہدات کی زیادہ ضرورت ہو گی، جس قدر بلند پرواز طائر ہو گا اسی قدر اس کے لئے

مشاہدات کی زیادہ ضرورت ہوگی، جس قدر بلند پرواز طائر ہوگا اسی قدر اس کے لئے فضا کی وسعت زیادہ درکار ہوگی، فردوسی نے شاہنامہ لکھا تھا تو سینکڑوں ہزاروں مختلف واقعات لکھنے پڑے، اس لئے قوت تخئیل کو پورا موقع ملا۔ یہی سبب ہے کہ شاہنامہ میں شاعری کے تمام انواع موجود ہیں۔ مثلاً شاعری کا ایک بڑا میدان جذبات انسانی کا اظہار ہے، جذبات کے بہت سے انواع ہیں مثلاً محبت وعداوت، غیظ وغضب، حیرت واستعجاب، رنج وغم، پھر ان میں سے ایک ایک کے مختلف انواع ہیں، مثلاً باپ بیٹے کی محبت، بھائی بھائی کی محبت، ماں بیٹے کی محبت، زوجہ اور شوہر کی محبت، اہل وطن کی محبت، فردوسی کو یہ تمام مواقع ہاتھ آئے، اور ہر موقع پر وہ تخئیل سے کام لے سکا۔ چنانچہ اس نے جس جذبہ کا جہاں پر اظہار کیا ہے، تخئیل کے عمل سے مؤثر اور جانگداز کر دیا ہے۔ تفصیل ان باتوں کی آگے آئے گی۔

تخئیل کی بے اعتدالی

شعر کی اس سے زیادہ کوئی بد قسمتی نہیں کہ تخئیل کا بے جا استعمال کیا جائے۔ طبیعیات کے متعلق جس طرح یونانی حکماء کی قوتیں بیکار گئیں اور آج تک ان کے پیرو، ہیولیٰ اور صورت کی فضول بحثوں میں الجھ کر کائنات کا ایک عقدہ بھی حل نہ کر سکے، بعینہ ہمارے متاخرین شعرا کا یہی حال ہوا، ان کی قوت تخئیل، قدماء سے زیادہ ہے لیکن افسوس بالکل رائیگاں صرف کی گئی۔ ایک شاعر کہتا ہے،

گو شہارا آشیاں مرغ آتشخوارہ کرد
برق عالم سوز یعنی شعلۂ غوغائے من

اس شعر کے سمجھنے کے لئے امور ذیل کو پہلے ذہن نشین کر لینا چاہئے۔

(ا) مرغ آتشخوارہ ایک پرندہ ہے جو آگ کھاتا ہے۔

(۲) آہ اور فریاد میں چونکہ گرمی ہوتی ہے اس لئے آہ اور فریاد کو شعلہ سے تشبیہ دیتے ہیں۔

(۳) مرغ آتشخوارہ وہاں وہاں رہتا ہے جہاں آگ ہوتی ہے۔ شاعر کہتا ہے کہ میری فریاد میں اس قدر گرمی ہے کہ کانوں میں پہنچی تو وہاں آگ پیدا ہوگئی، اس بنا پر مرغ آتشخوارہ نے لوگوں کے کانوں میں جاکر گھونسلے بنالئے ہیں کہ یہاں آگ نصیب ہوگی۔

متاخرین کی اکثر نکتہ آفرینیاں اسی قسم کی ہیں جس کی وجہ یہی ہے کہ قوت تخیل کا استعمال بیجا طور سے ہوا ہے۔ قوت تخیل کی بے اعتدالی کی تمیز اگرچہ صرف مذاق صحیح کر سکتا ہے، تاہم صرف مذاق صحیح کا حوالہ کافی نہیں، اس لئے جہاں تک ممکن ہے، ہم کسی قدر اس کی تشریح کرتے ہیں۔

(۱) قوت تخئیل کو سب سے زیادہ بے اعتدالی کا موقع مبالغہ میں ملتا ہے۔ یہ تسلیم کر لیا گیا ہے کہ مبالغہ کے لئے اصلیت اور واقعیت کی ضرورت نہیں۔ اس بنا پر قوت تخئیل جی کھول کر بلند پروازی دکھاتی ہے اور کج روی اور بے راہ روی کی اس کو پرواہ نہیں ہوتی۔ مثلاً ایک شاعر گھوڑے کی تعریف میں کہتا ہے،

بہ کشوری کہ درو نام تازیانہ برند
برلوح سنگ نگیرد شبیہ او آرام

یعنی اگر کسی پتھر پر اس گھوڑے کی تصویر کندہ کرائی جائے، اور اس ملک میں جہاں یہ پتھر ہو، کوڑے کا نام لے لیا جائے، تو تصویر پتھر سے اڑ جائے گی۔ اصل بات اس قدر تھی کہ گھوڑا اِس قدر تیز ہے کہ کوڑے کے اشارے سے قابو میں نہیں رہتا، اب مبالغہ کے مدارج دیکھو۔

(۱) گھوڑے کی تیز روی کا اثر، تصویر تک میں آگیا ہے۔

(۲) تازیانہ لگانے کی ضرورت نہیں بلکہ تازیانہ کا نام لینا کافی ہے۔

(۳) تصویر کے سامنے تازیانہ کا نام لینے کی ضرورت نہیں بلکہ اس ملک میں نام لے لینا کافی ہے۔

(۴) پتھر پر کندہ ہونے کی حالت میں بھی تصویر میں یہ اثر ہے۔

شاعر کو چونکہ ایک محال پر قناعت نہیں اس لئے وہ محالات کی تہ پر تہ قائم کرتا جاتا ہے۔ لیکن یہ قوت تخئیل کی سخت بے اعتدالی ہے، قوت تخئیل کی خوبی یہ ہے کہ محال بات اس طرح سے ادا کی جائے کہ بظاہر ممکن بن جائے۔ مثلاً میر انیس اس موقع پر جہاں حضرت عباس کا نہر کے پاس پہنچنا لکھا ہے، لکھتے ہیں،

ابھریں درود پڑھتی ہوئی مچھلیاں بہم
بولے حباب آنکھوں پہ شاہا ترے قدم
دریا میں روشنی ہوئی جسم حضور سے
لے لیں بلائیں پنجۂ مرجان نے دور سے

مچھلیوں کا درود پڑھ کر ابھرنا، حباب کا بولنا، پنجۂ مرجان کا بلائیں لینا، سب ناممکنات میں سے ہیں، لیکن تخئیل کی طلسم سازی نے ایک واقعی تصویر پیش نظر کر دی ہے۔ شاعر نے اول تو ان واقعات کو اس شخص کے متعلق لکھا ہے، جس کے معجزہ کی بدولت (اس کے نزدیک) سب کچھ ہو سکتا ہے، دوسرے، واقعہ کے بعض اجزا صحیح یا صحیح کے مشابہ ہیں۔ مچھلیاں پانی میں ابھرتی ہیں، حباب آنکھ کے مشابہ ہوتا ہے، مرجان کی شکل پنجہ کی ہوتی ہے۔ ان باتوں کی مجموعی حالت اور اس پر شاعر کی لطافت بیانی کی وجہ سے یہ معلوم ہوتا ہے کہ واقعی حالت کی تصویر ہے۔

(۲) وہ تخئیل اکثر بیکار اور بے اثر ہوتی ہے جس میں تمام عمارت کی بنیاد صرف کسی لفظی تناسب یا ایہام پر ہوتی ہے۔ متاخرین کی اکثر نکتہ آفرینیاں اسی قسم کی ہیں۔ مثلاً ایک شاعر کہتا ہے،

مستانہ کشتگان تو ہر سو فتادہ اند

تیغ ترا مگر کہ بہ مے آب دادہ اند

شعر کا مطلب یہ ہے کہ "معشوق کی تلوار کے مارے ہوئے ہر طرف مست پڑے ہوئے ہیں۔ مستی کی وجہ یہ ہے کہ معشوق نے جس تلوار سے قتل کیا ہے اس پر شراب کی باڑھ رکھی گئی ہے۔ اس خیال کی تمام تر بنیاد "آب" کے لفظ پر ہے۔ آب تلوار کی چمک دمک اور باڑھ کو کہتے ہیں، آب کے معنی پانی کے بھی ہیں۔ شراب بھی پانی کی طرح سیال ہے۔ تلوار کی باڑھ کو پانی سے کوئی تعلق نہیں بلکہ پانی سے تلوار کو زنگ لگ جاتا ہے۔ لیکن چونکہ باڑھ کو فارسی میں آب کہتے ہیں، اس لئے یہ قرار دیا کہ تلوار میں پانی ہے، اور جہاں پانی مستعمل ہو سکتا ہے شراب بھی ہو سکتی ہے۔ اس لئے تلوار میں شراب کی باڑھ ہے، اس لئے مقتولین نشہ میں چور ہیں، اس تمام عمارت کی بنیاد آب کے لفظ پر ہے، اس کے لفظ کے اگر دو معنی نہ ہوتے تو یہ گورکھ دھندا قائم نہیں رہ سکتا تھا۔

سینکڑوں ہزاروں اشعار جو نازک خیالی کے نمونے سمجھے جاتے ہیں، ان کی تمام تر بنیاد اسی قسم کی لفظی خصوصیتوں پر ہے۔ چنانچہ ان کا اگر کسی اور زبان میں ترجمہ کر دیا جائے تو تخئیل بالکل باطل ہو جاتی ہے۔ مرزا دبیر تلوار کی تعریف میں فرماتے ہیں،

تلواروں پر وہ سیف جو شعلہ فشاں ہوئی

جل بھن کے آب تیغوں کی رَن میں، دھواں ہوئی

تلوار کی آب کو پہلے پانی فرض کیا، پھر اس کا جلنا، بھننا اور دھواں ہو جانا جو کچھ چاہا

ثابت کرتے چلے گئے۔

(۳) تخئیل کی بے اعتدالی کا بڑا موقع استعارات اور تشبیہات ہیں، استعارے اور تشبیہیں جب تک لطیف، قریب الماخذ، اور اصلیت سے ملتی جلتی ہوتی ہیں شاعری میں حسن پیدا کرتی ہیں لیکن جب تخئیل کو بے اعتدالی کا موقع ملتا ہے، تو وہ دوراز کار اور فرضی استعارات اور تشبیہیں پیدا کرتی ہے اور پھر اس پر اور بنیادیں قائم کرتی جاتی ہے، مثلاً مرزا بیدل کہتے ہیں،

تبسمے کہ بہ خون بہار تیغ کشید
کہ خندہ برلب گل نیم بسمل افتاد است

اصل خیال اس قدر تھا کہ معشوق کا تبسم پھول کے نیم شگفتہ ہونے کی حالت سے زیادہ خوشنما ہے۔ اس مضمون کو یوں ادا کیا ہے کہ تبسم ایک قاتل ہے، اس نے بہار کی خونریزی کے لئے تلوار کھینچی ہے۔ اس کا وار خندۂ گل پر پڑا، خندہ گل نیم بسمل ہو کر رہ گیا۔ اس تخئیل میں جو بے اعتدالی ہے استعارات کی وجہ سے ہے۔ بہار کا خون تبسم کی تلوار، خندۂ گل کا بسمل ہونا، دور از کار استعارات ہیں۔

(۴) تخئیل کی بے اعتدالی یہ ہے کہ کسی چیز کو کسی چیز سے تشبیہ دیتے ہیں، پھر اس شے کے جس قدر اوصاف اور لوازم ہیں سب اس میں ثابت کرتے ہیں۔ حالانکہ ان سے کسی قسم کی مناسبت نہیں ہوتی۔ مثلاً کمر کو بال سے تشبیہ دیتے ہیں، اب اس کے بعد بال کے جتنے اوصاف ہیں کمر میں ثابت کرتے ہیں۔ مثلاً ناسخ کہتے ہیں،

ابھی ہرچند وہ بت نوجواں ہے
سفید اس کا مگر موئے میاں ہے

یعنی بال بڑھاپے میں سفید ہوتے ہیں، لیکن تعجب یہ ہے کہ معشوق کی کمر کا بال،

جوانی ہی میں سفید ہو گیا ہے۔ سیم بدن ہونے کے لحاظ سے کمر کو سفید کہا ہے۔ یا مثلاً غنی فرماتے ہیں،

دیدم میان یار وندیدم دہان یار
(میں نے معشوق کی کمر دیکھی اور منھ نہ دیکھ سکا)
نتواں بہیچ دید چو در دیدہ موفتد
(کیونکہ جب آنکھ میں بال پڑ جاتا ہے تو کوئی چیز نہیں آتی)

قاعدہ ہے کہ آنکھوں میں جب بال پڑ جاتا ہے تو چبھتا ہے اور پھر آنکھیں کھولی نہیں جاتیں۔ شاعر کہتا ہے کہ میں نے معشوق کی کمر دیکھی لیکن اس کا منہ نہ دیکھ سکا۔ کیونکہ جب آنکھوں میں بال آگیا تو کوئی چیز نظر نہیں آتی۔

یا مثلاً ایک شاعر نے ناف کی نسبت لکھا ہے کہ "موئے کمر میں گرہ پڑ گئی" یا مثلاً ابرو کو تلوار باندھا، تو تلوار کے تمام لوازم آب و تاب، دم خم، جوہر، ناب، ڈاب، قبضہ، میان، سب کچھ اس کے لئے ثابت کرتے جاتے ہیں۔

(٦) تخئیل کی ایک بڑی جولان گاہ حسن تعلیل ہے یعنی شاعر قوت تخئیل سے ایک چیز کو ایک چیز کی علت قرار دیتا ہے۔ حالانکہ دراصل وہ اس کی علت نہیں ہوتی، مثلاً شاعر کہتا ہے،

کسی کے آگے کوئی ہاتھ پسارے کیا دخل
مٹھی باندھے ہوئے پاتا ہے تولّد کودک

بچے جب ماں کے پیٹ سے پیدا ہوتے ہیں تو ان کی مٹھی بندھی ہوتی ہے، اب شاعر اس کی یہ وجہ قرار دیتا ہے کہ ممدوح نے تمام لوگوں کو اس قدر مالا مال کر دیا ہے کہ کسی کو کسی چیز کی حاجت نہیں رہی۔ اس لئے بچہ پیدا ہوتا ہے تو اس کی مٹھیاں بندھی ہوتی ہیں۔

اکثر شاعرانہ مضامین اسی حسن تعلیل پر مبنی ہیں لیکن جب قوت تخئیل سے اعتدال کے ساتھ کام نہیں لیا جاتا تو اس میں اکثر بے اعتدالیاں ہو جاتی ہیں۔ مثلاً ایک شاعر، ہکلے معشوق کی تعریف میں کہتا ہے،

گفتم سخنت شکست وش، چوں آید
باآں کہ ہمہ چو دُرّ مکنوں آید
گفتا کہ بہ ایں دہاں تنگے کہ مراست
گر نشکنمش چگونہ بیروں آید

یعنی میں نے معشوق سے کہا کہ تیری زبان سے جو لفظ ادا ہوتے ہیں ٹوٹ ٹوٹ کر کیوں ادا ہوتے ہیں۔ اس نے کہا کہ میرا دہن اتنا چھوٹا ہے کہ جب تک بات توڑ کر ریزہ ریزہ نہ کرلی جائے، منہ سے کیونکر باہر نکل سکتی ہے، ان چند مثالوں سے تخئیل کی بے اعتدالی کا کسی قدر تم نے اندازہ کیا ہوگا۔

تخئیل کے استعمال کی غلطی

تخئیل اور محاکات اگرچہ دونوں شاعری کے عنصر ہیں، لیکن بلحاظ اکثر دونوں کے استعمال کے موقع الگ الگ ہیں، یہ سخت غلطی ہے کہ ایک کے بجائے دوسرے کا استعمال کیا جائے۔ مثلاً مناظر قدرت کا بیان، محاکات میں داخل ہے یعنی مثلاً اگر بہار، خزاں، باغ، سبزہ، مرغزار، آب رواں کا بیان کیا جائے تو محاکات سے کام لینا چاہئے، یعنی اس طرح بیان کرنا چاہئے کہ ان چیزوں کا اصلی سماں آنکھوں کے سامنے پھر جائے، متاخرین کی سخت غلطی جس سے ان کی شاعری بالکل برباد ہوگئی، یہ ہے کہ وہ ان موقعوں پر محاکات کے بجائے تخئیل سے کام لیتے ہیں۔ مثلاً بہار کی تعریف میں کلیم کہتا ہے،

بہ نوعے آتش گل در گرفت است

کہ بلبل رفت و در آب آشیاں کرد

یعنی پھولوں کی وجہ سے باغ میں اس طرح آگ لگ گئی ہے کہ بلبل نے جاکر پانی میں گھونسلا بنادیا۔

بہ صور بید مجنوں آبشار است

رطوبت برگ رااز بسر واں کرد

بید مجنوں ایک درخت ہوتا ہے جس کی شاخیں زمین تک لٹکتی رہتی ہیں۔ شاعر کہتا ہے کہ بہار کی وجہ سے اس قدر رطوبت بڑھ گئی ہے کہ بید مجنوں ایک آبشار، یعنی پانی کا جھرنا معلوم ہوتا ہے۔

زمانہ ایست کہ بر قفل اگر نسیم وزید

بسان غنچہ اش از انبساط خنداں کرد

یعنی آب و ہوا کا یہ اثر ہے کہ قفل کو اگر ہوا لگ جاتی ہے تو کلی کی طرح کھل جاتا ہے۔ غور کرو ان اشعار سے بہار کی کسی قسم کی کیفیت دل پر طاری ہو سکتی ہے؟ افسوس یہ ہے کہ متاخرین کا کلام تمام تر اسی قسم کی شاعری سے بھرا پڑا ہے۔ ظہوری کا ساقی نامہ جس کی اس قدر دھوم ہے انہیں قسم کے خیالات دور از کار کا مخزن ہے۔

اسی طرح مدحیہ شاعری محاکات میں داخل ہے، یعنی کسی شخص کی مدح کی جائے تو اس کے واقعی اوصاف بیان کرنے چاہئیں، جس سے اس شخص کی عزت اور عظمت دلوں میں پیدا ہو، لیکن اکثر شعرا مدح میں تخئیل سے کام لیتے ہیں اور اس قسم کے خیالی مضامین پیدا کرتے ہیں جن کو محاکات اور اصلیت سے کچھ واسطہ نہیں ہوتا۔

تشبیہ و استعارہ

یہ چیزیں شاعری بلکہ عام زبان آوری کی خط و خال ہیں۔ جن کے بغیر انشا پردازی کا جمال قائم نہیں رہ سکتا۔ ایک عامی سے عامی بھی جب جوش یا غیظ و غضب سے لبریز ہو جاتا ہے تو جو کچھ اس کی زبان سے نکلتا ہے، استعارات کا قالب بدل کر نکلتا ہے۔ غم اور رنج کی حالت میں انشا پردازی اور تکلف کا کس کو خیال ہو سکتا ہے لیکن اس حالت میں بھی بے اختیار استعارات زبان سے ادا ہوتے ہیں۔ مثلاً کسی کا عزیز مر جاتا ہے تو کہتا ہے، "سینہ پھٹ گیا"، "دل میں چھید پڑ گئے"، "آسمان ٹوٹ پڑا"، "تجھ کو کس کی نظر کھا گئی۔" یہ سب استعارے ہیں۔ اس سے ظاہر ہو گا کہ استعارہ دراصل فطری طرز ادا ہے۔ لوگوں نے بے اعتدالی سے تکلف کی حد تک پہنچا دیا۔ اس بنا پر ہم تشبیہ اور استعارے کی بحث تفصیل سے لکھنا چاہتے ہیں۔ جس سے ظاہر ہو کہ ان کی حقیقت کیا ہے؟ کہاں اور کیونکر کام آتے ہیں؟ ان میں ندرت اور لطافت کیونکر پیدا ہوتی ہے؟ کس طرح ایک بڑے سے بڑا وسیع خیال ان کے ذریعہ سے ایک لفظ میں ادا ہو جاتا ہے۔

تشبیہ کی تعریف

اگر ہم یہ کہنا چاہیں کہ فلاں شخص نہایت شجاع و بہادر ہے، تو اگر انہیں لفظوں میں اس مضمون کو ادا کریں تو یہ معمولی طریقہ ادا ہے، اسی بات کو اگر یوں کہیں کہ وہ "شخص شیر کے مثل ہے" تو زور اور بڑھ جائے گا، لیکن اگر اس شخص کا مطلق ذکر نہ کیا جائے اور یوں کہا جائے کہ میں نے ایک شیر دیکھا۔" اور اس سے مراد وہی شخص ہو تو استعارہ ہے۔ اسی مطلب کے ادا کرنے کا ایک طریقہ یہ ہے کہ شیر کا نام بھی نہ لیا جائے بلکہ شیر کے جو خصائص ہیں اس شخص کی نسبت استعمال کئے جائیں۔ مثلاً یوں کہا جائے کہ وہ جب میدان جنگ میں ڈکارتا ہوا نکلا تو ہل چل پڑ گئی (ڈکارنا خاص شیر کی آواز کو کہتے ہیں) یہ بھی استعارہ ہے اور پہلے طریقہ کی بہ نسبت زیادہ لطیف ہے۔

تشبیہ واستعارہ کی ضرورت اور ان کا اثر

ا۔ اکثر موقعوں پر تشبیہ یا استعارہ سے کلام میں جو وسعت وزور پیدا ہوتا ہے وہ اور کسی طریقہ سے نہیں پیدا ہو سکتا۔ مثلاً اگر اس مضمون کو کہ، "فلاں موقع پر نہایت کثرت سے آدمی تھے۔" یوں ادا کیا جائے کہ وہاں آدمیوں کو جنگل تھا، تو کلام کا زور بڑھ جائے گا۔ یہاں کلام کا اصلی مقصد، آدمیوں کی کثرت کا بیان کرنا ہے، جنگل کی تشبیہ کی وجہ سے کثرت کا خیال متعدد وجہوں سے زیادہ وسیع ہو جاتا ہے۔ جنگل کی زمین میں قوت نامیہ بہت ہوتی ہے، اس لئے اس میں گھاس، پودے اور درخت کثرت سے پاس پاس اگتے ہیں، اس کے ساتھ نمو کا سلسلہ برابر قائم رہتا ہے۔ یہ قاعدہ ہے کہ جو چیز جہاں کثرت سے پیدا ہوتی ہے بے قدر ہو جاتی ہے۔ اسی بنا پر جنگل میں درخت اور گھانس کی کچھ قدر نہیں ہوتی۔ مثال مذکورہ میں تشبیہ نے یہ تمام باتیں پیش نظر کر دیں یعنی آدمی اس کثرت سے تھے، جس طرح جنگل میں گھاس ہوتی ہے۔ آدمیوں کا سلسلہ منقطع نہیں ہوتا تھا، بلکہ بھیڑ بڑھتی جاتی تھی، ایک جاتا تھا تو دس آجاتے تھے، کثرت کی وجہ سے آدمیوں کی کچھ قدر نہ تھی، یہ تمام باتیں جن کی وجہ سے کثرت کے مفہوم میں وسعت پیدا ہو گئی، ایک جنگل کے لفظ میں مضمر ہیں اور چونکہ یہ تمام باتیں صرف ایک لفظ نے ادا کر دیں، اس لئے خود بخود کلام میں زور آگیا، فارسی میں اس قسم کے خیال ادا کرنے کا یہ طریقہ ہے،

به برقع مه کنعان که بود حسن آباد

(راہ کنعان کی نقاب کی قسم جو کہ حسن آباد تھا)

به حجله گاه زلیخا که بود یوسف زار

(زلیخا کے خلوت کدہ کی قسم جو کہ یوسف زار تھا)

پہلے مصرع میں حضرت یوسف کے چہرہ کا حسن بیان کرنا تھا، اس کو یوں ادا کیا کہ ان کا نقاب حسن آباد تھا۔ حسن آباد کے معنی وہ بستی جہاں حسن کی آبادی ہو، گویا حضرت یوسف کا نقاب ایک بستی ہے جہاں حسن نے سکونت اختیار کی ہے۔ دوسرے مصرع میں یہ مضمون ادا کرنا تھا کہ حضرت یوسف کی وجہ سے زلیخا کا خلوت کدہ روشن ہو گیا تھا، اس کو یوں ادا کیا کہ وہ یوسف زار ہو گیا تھا، گویا سینکڑوں ہزاروں یوسف بھر گئے تھے۔

۲۔ بعض موقعوں پر جب شاعر کوئی غیر معمولی دعویٰ کرتا ہے تو اس کے ممکن الوقوع ثابت کرنے کے لئے تشبیہ کی ضرورت پڑتی ہے،

به سوز عشق شاہاں راچہ کارست
کہ سنگ لعل، خالی از شرار است

شاعر دعویٰ کرتا ہے کہ بادشاہوں میں عشق اور محبت کی جلن نہیں ہوتی۔ یہ بظاہر ایک غلط دعویٰ ہے کیونکہ بادشاہت اور عشق و محبت میں کوئی مخالف نہیں۔ اس لئے شاعر اس کو تشبیہ کے ذریعہ سے ثابت کرتا ہے کہ ہر قسم کے پتھر میں شرر ہوتے ہیں۔ یعنی ان پر چوٹ پڑے تو چنگاریاں جھڑنے لگتی ہیں۔ لیکن الماس اور لعل میں شرر نہیں ہوتے اور ظاہر ہے کہ پتھر کے اقسام میں الماس گویا بادشاہ ہے۔

اسی دعویٰ کا دوسرا ثبوت یہ ہے،

زور و عشق شہ، بیگانہ باشد
کہ جائے گنج در ویرانہ باشد

عربی میں اس کی نہایت عمدہ مثال متنبی کا شعر ہے،

فان فی الخمر معنًا لیس فی العنب
(جو بات شراب میں ہے، وہ انگور میں نہیں)

دعویٰ یہ ہے کہ بادشاہ تمام انسانوں سے مرتبہ میں بڑھ کر ہے، اس کو تشبیہ کے ذریعہ سے ثابت کرتا ہے کہ شراب انگور سے بنتی ہے، لیکن جو بات شراب میں ہے، انگور میں نہیں۔ مثالیہ شاعری جس نے متاخرین کے زمانہ میں نہایت وسعت اختیار کی تشبیہ و تمثیل ہی پر مبنی ہے۔

۳۔ جب کسی نہایت نازک اور لطیف چیز یا حالت کا بیان کرنا ہوتا ہے تو الفاظ اور عبارت کام نہیں دیتی اور یہ نظر آتا ہے کہ الفاظ نے اگر ان کو چھوا تو ان کو صدمہ پہنچ جائے گا، جس طرح حباب چھونے سے ٹوٹ جاتا ہے، ایسے موقعوں پر شاعر کو تشبیہ سے کام لینا پڑتا ہے، وہ اسی قسم کی لطیف اور نازک صورت کو ڈھونڈ کر پیدا کرتا ہے اور پیش نظر کرتا ہے مثلاً نظیری کہتا ہے،

ہمہ شب بر لب ور خسار و گیسو میزنم بوسہ
(میں معشوق کے لب اور رخسار اور گیسو کو تمام رات چومتا رہا)
گل و نسرین و سنبل راصبا در خرمن است امشب
(آج گل و نسرین و سنبل کے خرمن میں ہوا گھس آئی ہے)

لب ور خسار کی نزاکت اور ان کا نرم اور لطیف بوسہ، الفاظ کی برداشت کے قابل نہ تھا، اس لئے شاعر نے اس کو اس حالت سے تشبیہ دی کہ گویا ہلکی ہلکی ہوا پھولوں کو چھوڑ کر گزر جاتی ہے اور بار بار آکر چھوتی اور نکل جاتی ہے۔

یا مثلاً یہ شعر،

نہ گفت و من بشنیدم، ہر آنچہ گفتن داشت
(اس نے کچھ نہیں کہا اور میں نے اس کی بات اس وجہ سے)
کہ در بیان نگہش کرد بر زباں تقدیم

(سن لی کہ اس کی نگاہ نے زبان سے پیش دستی کی)

لبش چو نوبت خویش از نگاہ باز گرفت

(جب اس کے ہونٹ نے اپنی باری لی تو میرے)

فتاد سامعہ در موج کوثر و تسنیم

(کان کوثر کی موج میں ڈوب گئے)

یہ اس وقت کا بیان ہے جب عرفی ممدوح کے دربار میں گیا ہے اور ممدوح نے پہلے نگاہ لطف سے اس کو دیکھا ہے پھر باتیں کی ہیں۔ کہتا ہے کہ ممدوح نے کچھ نہیں کہا اور میں نے وہ سب باتیں سن لیں جو کہنا چاہتا تھا کیونکہ اس کی نگاہوں نے ادائے مطلب میں زبان سے پیش دستی کی۔ پھر جب اس کے ہونٹوں کی باری آئی تو سامعہ کوثر کی موج میں ڈوب گیا۔ محبوب کی باتوں سے قوت سامعہ جو لطف اٹھاتی ہے اس کو اس طریقہ سے سوا اور کیونکر ادا کیا جاسکتا تھا کہ سامعہ کوثر کی موج میں ڈوب گیا۔

تشبیہ میں حسن کیونکر پیدا ہوتا ہے؟

تشبیہ ایک ایسی عام چیز ہے کہ ہر شخص اس سے کام لیتا ہے، اس لئے جب تک تشبیہ میں کوئی ندرت اور خاص خوبی نہ ہو وہ کوئی اثر پیدا نہیں کر سکتی۔ تشبیہ میں جن جن اسباب سے خوبیاں پیدا ہوتی ہیں اگرچہ ان کا احصاء نہیں ہو سکتا تاہم چند صورتیں مثال کے طور پر ہم لکھتے ہیں، جن سے ایک عام خیال قائم ہو سکے گا۔

(۱) ہر تشبیہ ابتداء میں نادر اور پر لطف ہوتی ہے، لیکن بار بار کے استعمال سے اس کی تازگی اور ندرت جاتی رہتی اور بے اثر ہو جاتی ہے، اس لئے شاعر کا فرض یہ ہے کہ نادر اور جدید تشبیہیں اور استعارے ڈھونڈھ کر پیدا کرے، بڑے بڑے شعرا کا معیار کمال یہی ہے کہ کلام میں اچھوتی تشبیہیں اور نئے نئے استعارے پائے جاتے ہیں مثلاً بوسہ کو

ایشیائی شعراء شیرین شکرین گلوسوز، کہتے آتے ہیں۔ لیکن یورپ کا جادو طراز کہتا ہے کہ "وہ ایک پیمان وفا ہے جو مجسم بن جاتا ہے۔"

"ایک راز پنہاں ہے جو سامعہ کے بجائے ذائقہ سے کہا جاتا ہے۔"

"ایک نسیم ہے جو دل کی خوشبو لاتی ہے۔"

"لذت آلود نگاہیں ہیں جو سمٹ کر نقطہ بن گئی ہیں۔" اسی قسم کے نازک اور لطیف استعارے فارسی زبان میں، عرفی اور طالب آملی کے یہاں مل سکتے ہیں۔ عرفی نے ایک قصیدہ میں بہت سی چیزوں کی قسم کھائی ہے اس میں ایک موقع پر کہتا ہے،

بہ بر شگفتن امروز، غنچہ گشتن دی

کل کا دن جو گزر گیا اور آج کا دن جو شروع ہو رہا ہے اس کو کھلنے والے پھول اور مرجھانے والی کلی سے تشبیہ دی ہے۔

جہانگیر ایک دفعہ طالب آملی سے ناراض ہو گیا تھا اور اس کو دربار سے الگ کر دیا۔ کسی امیر نے اس کو اپنے یہاں بلا لیا اور دربار میں جو بڑا شاعر تھا اس سے مقابلہ کرایا۔ طالب غالب رہا، امیر نے یہ دیکھ کر جہانگیر سے طالب کی تقریب کی، اور وہ دوبارہ دربار میں باریاب ہوا، ان واقعات کو طالب نے نہایت لطیف استعارے اور تشبیہ کے پیرایہ میں ادا کیا ہے،

بہ نسبت گہرم، دادہ بودی از کف خویش

(تو نے مجھ کو موتی سمجھ کر، پھینک دیا تھا، تو نے)

تراز جود، زیانے چنیں ہزار افتاد

(سخاوت کی وجہ سے ایسے بہت سے نقصان اٹھائے ہیں)

چو رد شدم زکفت، چرخم از ہوا بہ بود

(جب تو نے مجھ کو پھینک دیا تو آسمان نے مجھ کو لپک لیا)

بہ گرمی کہ زبانم بہ زینہار افتاد

(اس تیزی کے ساتھ کہ میں الامان بول اٹھا)

یکے مقابل خورشید داشت آئینہ ام

(آسمان نے تھوڑی دیر میرے آئینہ کو آفتاب کے سامنے کیا)

بدید کز عرقش، موجبر عذار افتاد

(آفتاب کے چہرہ پر پسینہ آ گیا)

ازیں نشاط، مگر دست آسمان لرزید

(غالباً اس خوشی سے آسمان کا ہاتھ کانپ اٹھا)

کہ باز در کف خاقان کامگار افتاد

(کہ میں پھر شاہنشاہ کے ہاتھ میں آکر گرا)

(۲) تشبیہ مرکب عموماً زیادہ لطیف ہوتی ہے۔ مرکب سے یہ مراد ہے کہ کئی چیزوں کے ملنے سے جو مجموعی حالت پیدا ہوتی ہے وہ تشبیہ کے ذریعہ سے ادا کی جائے، مثلاً،

کان مثار النقع فوق رؤسا

واسیافنالیل تھاوی کواکبہ

یعنی میدان جنگ میں جو گرد اڑتی ہے اور اس میں تلواریں چمکتی ہیں تو یہ معلوم ہوتا ہے کہ رات کو ستارے ٹوٹ رہے ہیں۔

یہاں الگ الگ چیزوں کی تشبیہ مقصود نہیں بلکہ ایک مجموعی حالت کو ادا کرنا ہے، جس کے اجزا یہ ہیں۔ 'گرد' جو فضا میں چھا گئی ہے، 'اس' میں تلواریں، 'تلواروں' کا چلنا

اور چمکنا، 'تلواروں' کے چلنے میں بے ترتیبی اور اختلاف جہت، ان سب باتوں سے جو مجموعی سماں پیدا ہوتا ہے اس کی تشبیہ ستاروں سے دی ہے جو رات کی تاریکی میں سیدھے، ترچھے، آڑے ہر طرف ٹوٹتے ہیں۔

یا مثلاً،

دو زلف تابدار او بہ چشم اشکبار من

چو چشمہ کہ اندر او شنا کنند مارہا

یعنی میری پر اشک آنکھوں میں، معشوق کی زلفوں کا عکس اس طرح پڑتا ہے گویا چشمہ میں سانپ لہرا رہے ہیں۔

باد در کہسار، جام لالہ را بر سنگ زد

(ہوا نے لالہ کا پیالہ اٹھا کر زمین پر پٹک دیا)

گل بہ خندہ گفت آرے ایں چنیں باید ہمیں

(پھول نے ہنس کر کہا خوب، یہی کرنا چاہئے تھا۔)

ہوا جب تیز چلتی ہے تو نازک ٹہنیاں اور پھول زمین پر گر پڑتے ہیں اس حالت کو یوں ادا کیا ہے کہ گویا ہوا نے لالہ کا پیالہ اٹھا کر زمین پر پٹک دیا۔

نرگس کہ شب نہ خفت ز فریاد بلبلاں

(نرگس کو رات بلبلوں کے شور و غل سے نیند نہیں آئی تھی)

بنہاد سر بہ بالش گل میل خواب کرد

(اس لئے پھول کے تکیہ پر سر رکھ کر سو گئی)

جدت و لطف ادا

شاعری کے لئے یہ سب سے مقدم چیز ہے بلکہ بعض اہل فن کے نزدیک جدت ادا

ہی کا نام شاعری ہے۔ ایک بات سیدھی طرح سے کہی جائے تو ایک معمولی بات ہے، اسی کو اگر جدید انداز اور نئے اسلوب سے ادا کر دیا جائے تو یہ شاعری ہے۔

ایک دفعہ حجاج نے ایک بدو سے پوچھا کہ تم سے کوئی راز کی بات کہی جائے تو تم اس کو چھپا سکتے ہو یا نہیں، اس نے کہا کہ "میری سینہ راز کا مدفن ہے۔" راز سینہ میں مر کر رہ جاتا ہے، سینہ سے نکل کیوں کر سکتا ہے، اس بات کو وہ اگر یوں ادا کرتا کہ "میں راز کو کسی حالت میں کبھی ظاہر نہیں کرتا۔" تو معمولی بات ہوتی، لیکن طرز ادا کے بدل دینے نے ایک خاص لطف پیدا کر دیا اور اب وہی بات شعر ہ بن گئی۔ شاعری، انشا پردازی، بلاغت، ان تمام چیزوں کی جادوگری اسی جدت ادا پر موقوف ہے۔ جدت ادا کی منطقی تعریف اور اس کے اصول اور قواعد کا انضباط سخت مشکل بلکہ ناممکن ہے۔ وہ ایک ذوقی چیز ہے جس کا صحیح ادراک صرف ذوق صحیح سے ہو سکتا ہے، اس کا پیرایہ ہر جگہ الگ ہے اور اس قدر غیر محصور ہے کہ نہ ان سب کا شمار ہو سکتا ہے نہ ان میں کوئی خاص قدر مشترک پیدا کیا جا سکتا ہے۔ اس لئے جدت ادا کے مفہوم کے ذہن نشین کرنے کے لئے اس کے سوا کوئی تدبیر نہیں کہ متعدد مثالیں پیش کر کے بتایا جائے کہ اصل خیال کیا تھا؟ اس کو کس جدید انداز سے ادا کیا گیا؟ اور جدت نے کیا اثر پیدا کیا، ہم چند مثالیں ذیل میں لکھتے ہیں،

زخم ہا بر داشتیم و فتح ہا کر دیم لیک
(ہم نے بہت زخم کھائے اور فتوحات کیں لیکن)
ہر گز از خونِ کسے رنگین نشد دامان ما
(کسی کے خون سے ہمارا دامن رنگین نہیں ہوا)

اصل خیال یہ تھا کہ ہم کو حریفان فن سے مقابلہ کا اکثر اتفاق ہوا، لوگوں نے ہم کو

برا بھلا کہا، بد زبانیاں کیں، لیکن ہم نے صبر و سکوت سے کام لیا، رفتہ رفتہ ہمارے علم و فضل کا سکہ لوگوں کے دلوں میں بیٹھتا گیا یہاں تک کہ حریف بھی قائل ہو گئے اور سب نے ہماری عظمت تسلیم کرلی۔ اس خیال کو یوں ادا کیا ہے کہ میدان جنگ میں ہم نے زخم اٹھا کر فتحیں حاصل کیں، لیکن ہمارا دامن کسی کے خون سے رنگین نہیں ہوا، اس طرز ادا میں علاوہ اس کے تشبیہ میں ندرت ہے۔ یہ تعجب انگیز بات ثابت کی ہے کہ میدان جنگ میں کوئی زخمی نہیں ہوا اور معرکہ فتح ہو گیا۔

ساقی تو ئی و سادہ دلی بین کی شیخ شہر
باور نمی کند کہ ملک مے گسار شد

شعر کا مطلب ہے کہ معشوق جب ساقی بنا تو فرشتوں یعنی فرشتہ خو لوگوں نے بھی شراب پینی شروع کردی۔ اس مطلب کو یوں ادا کیا ہے کہ معشوق کو مخاطب کرکے کہتا ہے، واعظ کی حماقت دیکھتے ہو، تم ساقی ہو اور اس کو یقین نہیں آتا کہ فرشتہ نے شراب خواری اختیار کی، جدت کے علاوہ اس طریقہ ادا میں بلاغت یہ ہے کہ جب کوئی واقعہ واقعہ کی حیثیت سے بیان کیا جاتا ہے، تو اس کے صحیح ہونے میں شبہ ہو سکتا ہے، اس لئے شاعر اس کو واقعہ کی حیثیت سے نہیں بیان کرتا بلکہ ایک مسلمہ واقعہ دے کر، واعظ کی حماقت پر تعجب کرتا ہے گویا اس کو فرشہ کی میخواری بیان کرنی مقصود نہیں نہ اس کے نزدیک یہ کوئی تعجب انگیز واقعہ ہے جو بیان کرنے کے قابل ہو، البتہ واعظ کی حماقت حیرت انگیز ہے کہ اس کو ایسے بدیہی واقعہ کا یقین نہیں آتا۔

شاعر نے خود واعظ کو مخاطب نہیں کیا، ورنہ خیال ہوتا کہ شاید یوں ہی واعظ کے چھیڑنے کے لئے کہا ہے۔ معشوق سے خطاب کرنے میں یہ بلاغت بھی ہے کہ اس کی ملک فریبی کی تعریف اس انداز سے کی ہے کہ تعریف مقصود نہیں، صرف واعظ کی

حماقت پر حیرت کا اظہار ٦ ہے۔

اے کہ ہمراہ موافق بہ جہان مے طلبی

(اگر تم سچا دوست دنیا میں ڈھونڈ ھتے ہو)

آن قدر باش کہ عنقاز سفر باز آید

(تو اتنا ٹھہر جاؤ کہ عنقا سفر سے واپس آجائے)

یہ ایک پامال مضمون ہے کہ جب کسی چیز کو نایاب کہنا چاہتے ہیں تو کہتے ہیں کہ "عنقا ہے۔" شعر کا اصلی مطلب اس قدر ہے کہ ہم راہ موافق یعنی سچا دوست ملنا محال اور عنقا ہے، اس کو یوں کہتا ہے کہ "اگر تم کو سچے دوست کی تلاش ہے تو اتنا ٹھہر جاؤ کہ عنقا جو سفر میں گیا ہے، وہ واپس آجائے۔" یعنی نہ عنقا واپس آسکتا ہے نہ سچا دوست مل سکتا ہے، اس میں بلاغت کا یہ پہلو ہے کہ پہلے امید دلائی ہے جس سے ظاہر ہوتا ہے کہ سچا دوست مل سکتا ہے۔ البتہ ذرا انتظار کرنا پڑے گا پھر جس بات پر محول کیا ہے وہ بھی بظاہر ناممکن نہیں کیونکہ کسی کا سفر سے واپس آجانا کوئی ناممکن بات نہیں۔ اس حالت کے بعد جب ناامیدی طاری ہوتی ہے تو ناامیدی کا اثر زیادہ سخت اور رنج دہ ہوتا ہے، گویا یہ دکھانا ہے کہ سچے دوست کی تلاش میں امید بھی ہوگی تو اسی قسم کی ہوگی کہ خاتمہ ناکامی پر ہو۔

نہ باندازۂ بازوست کمندم ہیہات

ورنہ با گوشہ بامیم سر و کارے ہست

شعر کا مطلب اس قدر ہے کہ میں معشوق تک پہنچنا تو چاہتا ہوں لیکن رسائی کا کوئی سامان نہیں، اس کو یوں ادا کیا ہے کہ مجھ کو ایک گوشہ بام، سے کچھ کام تو ہے، لیکن کیا کہئے جتنی قوت میرے بازو میں ہے اس کے موافق کمند نہیں ہے، بامے اور سر و کارے کی تنکیر نے ایک خاص لطف پیدا کیا ہے۔

حسن الفاظ

یہ ایک نہایت ضرورت بحث ہے۔ اس لئے ہم اس کو تفصیل سے لکھتے ہیں۔ کتاب العمدہ میں باب اللفظ والمعنی ایک خاص عنوان قائم کیا ہے اس کا خلاصہ یہ ہے، "لفظ جسم ہے اور مضمون روح ہے۔ دونوں کا ارتباط باہم ایسا ہے جیسا روح اور جسم کا ارتباط کہ وہ کمزور ہو گا تو یہ بھی کمزور ہو گی، پس اگر معنی میں نقص نہ ہو اور لفظ میں ہو تو شعر میں عیب سمجھا جائے گا جس طرح لنگڑے یا لنجے میں روح موجود ہوتی ہے، لیکن بدن میں عیب ہوتا ہے، اسی طرح اگر لفظ اچھے ہوں لیکن مضمون اچھا نہ ہو تب بھی شعر خراب ہو گا اور مضمون کی خرابی، الفاظ پر بھی اثر کرے گی، اگر مضمون بالکل لغو ہو اور الفاظ اچھے ہوں تو الفاظ بھی بیکار ہوں گے جس طرح مردہ کا جسم کہ یوں دیکھنے میں سب کچھ سلامت ہے، لیکن درحقیقت کچھ بھی نہیں۔ اسی طرح مضمون گو اچھا ہو لیکن الفاظ اگر برے ہیں تب بھی شعر بیکار ہو گا، کیونکہ روح، بغیر جسم کے پائی نہیں جاسکتی۔"

اہل فن کے دو گروہ بن گئے ہیں ایک لفظ کو ترجیح دیتا ہے اور اس کی تمام تر کوشش الفاظ کے حسن وخوبی پر مبذول ہوتی ہے، عرب کا اصلی انداز یہی ہے، بعض لوگ مضمون کو ترجیح دیتے ہیں اور الفاظ کی پرواہ نہیں کرتے۔ یہ ابن الرومی اور متنبی کا مسلک ہے۔ لیکن زیادہ تر اہل فن کا یہی مذہب ہے کہ لفظ کو مضمون پر ترجیح ہے۔ وہ کہتے ہیں کہ مضمون تو سب پیدا کر سکتے ہیں لیکن شاعری کا معیار کمال یہی ہے کہ مضمون ادا کن الفاظ میں کہا گیا ہے؟ اور بندش کیسی ہے؟

حقیقت یہ ہے کہ شاعری یا انشاپردازی کا مدار زیادہ تر الفاظ ہی پر ہے۔ گلستان میں جو مضامین اور خیالات ہیں، ایسے اچھوتے اور نادر نہیں لیکن الفاظ کی فصاحت اور ترتیب اور تناسب نے ان میں سحر پیدا کر دیا ہے، انہیں مضامین اور خیالات کو معمولی الفاظ میں

ادا کیا جائے تو سارا اثر جاتا رہے گا، ظہوری کا ساقی نامہ نازک خیالی، موشگافی مضمون بندی کا طلسم ہے لیکن سکندر نامہ کا ایک شعر پورے ساقی نامہ پر بھاری ہے۔ اس کی وجہ یہی ہے کہ ساقی نامہ میں الفاظ کی وہ متانت اور شان و شوکت اور بندش کی وہ پختگی نہیں جو سکندر نامہ کا عام جوہر ہے، حافظ کا شعر ہے،

گفتم ایں جامِ جہان بین بتو کے داد حکیم
گفت آن روز کہ ایں گنبد مینامی کرد

جو خیال اس شعر میں ادا کیا گیا ہے اس کو الفاظ بدل کر ادا کرو، شعر خاک میں مل جائے گا، ذیل کے دونوں مصرعوں میں،

تھا بلبل خوشگو کہ چہکتا ہے چمن میں
بلبل چہک رہا ہے ریاض رسول میں

مضمون بلکہ بعض الفاظ تک مشترک ہیں پھر بھی زمین آسمان کا فرق ہے، حضرت امام حسین علیہ السلام نے جب یزید کی فوج کے سامنے اتمام حجت کیا ہے تو اپنے اسلحہ اور لباس کو جو رسول اللہ صلی اللہ علیہ وسلم سے ورثہ میں پائے تھے، دکھا کر پوچھا ہے کہ یہ کس کے تبرکات ہیں۔ اس واقعہ کو میر ضمیر نے یوں ادا کیا ہے،

پہچانتے ہو؟ کس کی مرے سر پہ ہے دستار
دیکھو تو؟ عبا کس کی ہے کاندھے پہ نمودار
یہ کس کی زرہ؟ کس کی سپر؟ کس کی ہے تلوار
میں جس پہ سوار آیا ہوں کس کا ہے؟ یہ رہوار
باندھا ہے کمر جس سے بھلا کس کی ردا ہے؟
کیا فاطمہ زہرا نے نہیں اس کو سیا ہے؟

بعینہ اسی واقعہ کو میر انیس ادا کرتے ہیں،

یہ قبا کس کی ہے؟ بتلاؤ یہ کس کی دستار

یہ زرہ کس کی ہے؟ پہنے ہوں جو میں سینہ فگار

بر میں کس کا ہے؟ یہ چار آئینۂ جوہر دار

کس کا رہوار ہے؟ یہ آج میں جس پر ہوں سوار

کس کا یہ خود ہے یہ تیغ دو سر کس کی ہے؟

کس جری کی یہ کمان ہے یہ سپر کس کی ہے؟

دونوں بندوں میں مضمون اور معنی بالکل مشترک ہیں الفاظ کے اَدل بدَل اور اُلٹ پلٹ نے کلام کو کہاں سے کہاں تک پہنچا دیا ہے۔

اس تقریر کا یہ مطلب نہیں ہے کہ شاعر کو صرف الفاظ سے غرض رکھنی چاہئے اور معنی سے بالکل بے پروا ہو جانا چاہئے، بلکہ مقصد یہ ہے کہ مضمون کتنا ہی بلند اور نازک ہو لیکن اگر الفاظ مناسب نہیں ہیں تو شعر میں کچھ تاثیر نہ پیدا ہو سکے گی، اس لئے شاعر کو یہ سوچ لینا چاہئے کہ جو مضمون اس کے خیال میں آیا ہے، اسی درجہ کے الفاظ اس کو میسر آسکیں گے یا نہیں؟ اگر نہ آسکیں تو اس کو بلند مضامین چھوڑ کر انہیں سادہ اور معمولی مضامین پر قناعت کرنی چاہئے جو اس کے بس کے ہیں اور جن کو وہ عمدہ پیرایہ اور عمدہ الفاظ میں ادا کر سکتا ہے کسی نے نہایت سچ کہا ہے،

برائے پاکی لفظے شبے بروز آرد

کہ مرغ و ماہی باشند خفتہ او بیدار

یعنی "شاعر ایک ایک لفظ کی تلاش میں رات رات بھر جاگتا رہ جاتا ہے جب کہ مرغ اور مچھلیاں تک سوتی ہوتی ہیں۔" یہ بالکل ممکن ہے کہ ایک عمدہ سے عمدہ خیال، عمدہ

سے عمدہ مضمون، عمدہ سے عمدہ نظم، اس وجہ سے برباد ہو جائے کہ اس میں صرف ایک لفظ اپنے درجہ سے گر گیا۔

جن بڑے مشہور شعرا کی نسبت کہا جاتا ہے کہ ان کے کلام میں خامی ہے، اس کی زیادہ تر وجہ یہی ہے کہ ان کے یہاں الفاظ کی متانت، وقار، اور بندش کی درستی میں نقص پایا جاتا ہے متوسطین اور متاخرین نے جو شاہنامے لکھے، مضامین اور خیالات میں فردوسی کے شاہنامے سے کم نہیں ہیں۔ فردوسی کے شاہنامہ کے سامنے ان کا نام لینا بھی سفاہت ہے۔ اس کی ایک بہت بڑی وجہ یہ ہے کہ فردوسی جن الفاظ میں اپنے خیالات کو ادا کرتا ہے اس کے سامنے اوروں کے الفاظ بالکل کم رتبہ اور بے وقعت معلوم ہوتے ہیں۔ شاید یہ اعتراض کیا جائے کہ الفاظ کا اثر بھی معنی ہی کی وجہ سے ہوتا ہے۔ یعنی ایک لفظ اسی بنا پر عظمت ہوتا ہے کہ اس کے معنی میں عظمت ہوتی ہے۔ مثلاً نظامی کا یہ شعر،

دراں دجلۂ خون بلند آفتاب
چو نیلو فرافگند زورق بر آب

اس شعر میں اگرچہ بظاہر یہ معلوم ہوتا ہے کہ اگر دجلہ کے بجائے چشمہ، اور زورق کے بجائے کشتی کر دیا جائے تو گو معنی وہی رہیں گے لیکن شعر کم رتبہ ہو جائے گا، لیکن زیادہ غور سے دیکھا جائے تو اس کی وجہ لفظ کی خصوصیت نہیں بلکہ معنی کا اثر ہے۔ دجلہ کے معنی میں چشمہ سے زیادہ وسعت ہے کیونکہ چشمہ چھوٹی سی نالی کو بھی کہہ سکتے ہیں بخلاف اس کے دجلہ ایک بڑے دریا کا نام ہے۔ اسی طرح زورق اور کشتی کی حقیقت میں فرق ہے، اس بنا پر دجلہ اور زورق میں جو عظمت ہے وہ معنی کے لحاظ سے ہے نہ لفظ کی حیثیت سے۔

یہ اعتراض ایک حد تک صحیح ہے لیکن اولاً تو بہت سے ایسے لفظ ہیں جن کے معنی

میں نہیں بلکہ صورت اور آواز میں رفعت اور شان ہوتی ہے۔ ضیغم، اور شیر، معنی بالکل ایک ہیں، لیکن لفظوں کے شکوہ میں صاف فرق ہے، اس کے علاوہ اس قسم کے الفاظ میں لفظی حیثیت اس قدر غالب آگئی ہے کہ گو وہ رفعت معنی ہی کی وجہ سے پیدا ہوئی ہے تاہم سامع یہی سمجھتا ہے کہ یہ لفظ ہی کا اثر ہے، اس لئے ایسے الفاظ کا اثر بھی الفاظ ہی کی طرف منسوب کرنا چاہئے۔

الفاظ کے انواع اور ان کے مختلف اثر

اس امر کے ثابت کرنے کے بعد کہ شاعری کا مدار زیادہ تر الفاظ پر ہے، ہم کو کسی قدر تفصیل سے بتانا چاہئے کہ الفاظ کے کیا انواع ہیں؟ اور ہر نوع کا کیا خاص اثر ہے؟ اور کون الفاظ کہاں کام آتے ہیں؟

الفاظ متعدد قسم کے ہوتے ہیں، بعض نازک، لطیف، شستہ، صاف، رواں اور شیریں اور بعض پُر شوکت، متین، بلند۔ پہلی قسم کے الفاظ عشق و محبت کے مضامین کے ادا کرنے کے لئے موزوں ہیں۔ عشق اور محبت، انسان کے لطیف اور نازک جذبات ہیں۔ اس لئے ان کے ادا کرنے کے لئے لفظ بھی اسی قسم کے ہونے چاہئیں۔ یہی بات ہے کہ قدما کی بہ نسبت متاخرین کی غزل اچھی ہوتی ہے۔ قدماء کے زمانے تک فوجی تمدن باقی تھا۔ اس لئے اس کا اثر تمام چیزوں میں پایا جاتا تھا، یہاں تک کہ الفاظ بھی بلند، متین، پرزور ہوتے تھے۔ فردوسی نے شاہنامہ کے بعد زلیخا لکھی تو اس کا یہ انداز ہے،

بدادی جوابے کہ سربستہ بود
بگفتی حدیثے کہ بگسستہ بود
بہ بیہودہ گویم نسب ساختی
سخنہائے ناخوش در انداختی

زہر گونہ گفتی سخنہائے سست
سرانجامشایں گفتی اے نیکبخت
کہ گر آزمائی مرا، آزمائے
کہ دارد دلم، پائے دانش بجائے
کنوں دلبرا! گفت من کار کن
دلت رابدیں مہربان یار کن

اس موقع سے بڑھ کر رقت اور درد اور سوز و گداز کا کیا موقع ہو سکتا تھا۔ فردوسی نے خیالات وہی ادا کئے جو ایک عاشق معشوق سے کر سکتا ہے لیکن الفاظ اور طرز ادا ایسا ہے کہ میدان جنگ کا رجز معلوم ہوتا ہے۔ نظامی نے جہاں اس قسم کے مضامین ادا کئے ہیں، ایسے لب و لہجہ میں ادا کیے ہیں کہ پتھر کا دل پانی ہو جاتا ہے۔ سعدی جو غزل کے بانی خیال کئے جاتے ہیں اس کی وجہ زیادہ تر یہی ہے کہ انہوں نے غزل میں رقیق، نازک، شیریں اور پر درد الفاظ استعمال کئے۔ اس پر بھی کہیں کہیں پرانے روکھے اور سخت الفاظ آجاتے ہیں تو وہ بات جاتی رہتی ہے۔ مثلاً،

تو میروی و خبرن داری
واندر عقبت قلوب وابصار
ایں قاعدۂ خلاف بگداز
ویں خوے معاندت رہا کن
گر برانی نرود، در برود باز آید
ناگزیرست مگس دکہ حلوائی را

متنبی کے کلام پر علامہ ثعلبی نے جو نکتہ چینیاں کی ہیں ان میں ایک یہ بھی ہے کہ وہ

غزل اور تشبیب میں ایسے الفاظ لاتا ہے جو عاشقانہ خیالات کے لئے موزوں نہیں۔

بلند اور پر شوکت الفاظ، رزمیہ مضامین اور قصائد وغیرہ کے لئے موزوں ہیں۔ متاخرین یعنی کلیم و صائب وغیرہ کی نسبت یہ تسلیم کیا جاتا ہے کہ قصیدہ اچھا نہیں کہتے، اس کا سبب یہی ہے کہ ان کے زمانہ میں تمدن اور معاشرت میں نہایت نزاکت پرستی آگئی تھی اور عشقیہ جذبات عام ہوگئے تھے، اس کا اثر زبان پر بھی پڑا یعنی زبان زیادہ نازک اور لطیف ہوگئی، جو غزل گوئی کے لئے موزوں تھی لیکن قصائد کی دھوم دھام اور شان و شوکت کے قابل نہ تھی۔ عرفی قصیدہ میں عید کے عیش و عشرت کا بیان کرتا ہے تو اس کا یہ انداز ہے،

صباحِ عید کہ در تکیہ گاہ ناز و نعیم
گدا کلاہِ نمد کج نہاد و سر ویہیم

کلیم نے ایک قصیدہ کی تمہید میں ہندوستان کی عیش انگیزی کا سماں باندھا ہے، اس کا مطلع ہے،

اسیر کشور ہندم کہ از وفور سرور
گدا بدست گرفت ست کاسۂ طنبور

ان دونوں شعروں میں جو فرق ہے، اسی بنا پر ہے کہ عرفی کے وقت تک عیش و عشرت کے خیالات اور اس کا اثر چنداں عام نہیں ہوا تھا، نظیری نیشاپوری اکبر کے عہد کا شاعر ہے، لیکن غزل کا مذاق غالب تھا اور زبان میں نہایت گھلاوٹ اور نزاکت آگئی تھی اس لئے اس کے قصیدوں میں زور نہیں ہے، اور تشبیب تو صاف غزل معلوم ہوتی ہے۔ قصیدہ کے ابتدا میں جو عشقیہ مضامین لکھتے ہیں اس کو تشبیب کہتے ہیں اور وہ گویا غزل ہوتی ہے تاہم نکتہ دانِ فن ہمیشہ لحاظ کر لیتے ہیں کہ وہ چونکہ قصیدہ کا جزو ہے اس لئے اس کی

زبان غزل کی زبان سے نہ ملنے پائے، اسی بنا پر عرفی تشبیب لکھتا ہے تو اس انداز سے لکھتا ہے،

منم آں سیر ز جانگشتہ کہ باتیغ وکفن
(میں ایسا جان سے سیر ہو چکا ہوں کہ تیغ وکفن لے کر)
تا در خانہ جلاد غزل خوان رفتم
(جلاد کے گھر تک غزل پڑھتا ہوا گیا)
کس عنانگیر نہ شد ورنہ من از بیت حرم
(کسی نے روک ٹوک نہ کی ورنہ میں تو کعبہ سے)
تا در بتکدہ در سایۂ ایمان رفتم
(بتکدہ تک، ایمان کے سایہ میں گیا)
زاں شکستم کہ بدنبال دل خویش مدام
(میں نے اس وجہ سے شکست کھائی کہ اپنے دل کے)
در نشیب شکن زلف پریشان رفتم
(پیچھے پیچھے زلف کی شکنوں میں گرتا گیا)

قصیدہ کے علاوہ مثنوی میں اس قسم کی زبان پسندیدہ ہے اور یہی وجہ ہے کہ متاخرین مثنوی اچھی نہیں لکھ سکتے، ان کی زبان بالکل غزل کی زبان بن گئی ہے۔ اس لئے جو کہتے ہیں غزل بن جاتی ہے۔ البتہ عشقیہ مثنویاں اس سے مستثنیٰ ہیں۔ یعنی ان میں وہی غزل کی زبان استعمال کرنی چاہئے، نلدمن اور نوعی کے سوز و گداز چونکہ عشقیہ مثنویاں ہیں اس لئے ان میں یہی زبان موزوں تھی۔ لیکن فیضی نے یہاں بھی وہ نکتہ ملحوظ رکھا ہے کہ جہاں اپنا فخریہ لکھا ہے زبان بدل کر قصیدہ کی شان و شوکت آگئی ہے ملاحظہ ہو،

امروز شاعرم، حکیم

(میں آج شاعر نہیں بلکہ فلسفی ہوں،)

دانندۂ حادث و قدیم

(میں حادث اور قدیم کا عالم ہوں)

بانگ قلمم دریں شب تار

(میری قلم کی آواز نے، اس اندھیری رات میں)

صد معنیٔ خفتہ کرد بیدار

(سینکڑوں سوتے ہوئے مضامین کو جگا دیا)

روبہ منشاں بمنچہ دارند

(لومڑیوں کو مجھ سے کیا کام؟ یہ شیر کی)

پیشانی شیر راچہ خارند

(پیشانی کیوں کھجلاتی ہیں؟ جن لوگوں)

آنانکہ بہ منظر فگندندن

(نے میری طرف نظر اٹھائی میرے)

در معرکہ ام سپر فگندند

(مقابلہ میں سپر ڈال دی)

یہ تمام تر بحث الفاظ کی انفرادی حیثیت سے تھی۔ لیکن اس سے زیادہ مقدم الفاظ کا باہمی تعلق اور تناسب ہے۔ یہ ممکن ہے کہ ایک شعر میں جس قدر لفظ آئیں الگ الگ دیکھا جائے تو سب موزوں اور فصیح ہوں لیکن ترکیبی حیثیت سے ناہمواری پیدا ہو جائے۔ اس لئے یہ نہایت ضروری ہے کہ جو الفاظ ایک ساتھ کسی کلام میں آئیں ان میں باہم ایسا

توافق، تناسب، موزونی اور ہم آوازی ہو کہ سب مل کر گویا ایک لفظ یا ایک ہی جسم کے اعضاء بن جائیں یہی بات ہے جس کی وجہ سے شعر میں وہ بات پیدا ہوتی ہے جس کو عربی میں انسجام کہتے ہیں اور جس کا نام ہماری زبان میں سلاست، صفائی اور روانی ہے۔ یہی چیز ہے جس پر خواجہ حافظ کو ناز ہے اور جس کی بنا پر اپنے حریف کی شان میں کہتے ہیں،

صنعتگر ست اما شعر روان ندارد

یہی وصف ہے جس کی وجہ سے شعر میں موسیقیت پیدا ہو جاتی ہے اور شاعری اور موسیقی کی سرحدیں مل جاتی ہیں۔ علی حزین کا ایک شعر ہے،

چوں سر کنم حدیث لبِ لعل یار را

(جب میں معشوق کے لب کی بات شروع کرتا ہوں)

گر داز نہاد چشمۂ حیوان بر آورم

(تو چشمۂ حیوان سے گرد اڑنے لگتی ہے)

خان آرزو نے پہلے مصرع میں یوں اصلاح دی،

چوں سر کنم حدیثے ازاں خط پشت لب

آرزو کے مصرع میں جس قدر الفاظ ہیں، یعنی حدیث، خط، پشت، لب، سب بجائے خود فصیح ہیں لیکن ان کے ملانے سے یہ حالت پیدا ہو گئی ہے کہ مصرع پڑھنے کے وقت معلوم ہوتا ہے کہ ہر قدم پر ٹھوکر لگتی جاتی ہے، بخلاف اس کے حزین کا مصرع موتی کی طرح ڈھلکتا آتا ہے۔

معنی کے لحاظ سے الفاظ کا اثر

یہاں تک الفاظ کی نسبت جو بحث تھی وہ زیادہ تر لفظ کی حیثیت یعنی آواز اور صورت اور لہجہ کے لحاظ سے تھی، لیکن شاعری کا اصلی مدار، الفاظ کی معنوی حالت پر ہے یعنی معنی

کے لحاظ سے الفاظ کا کیا اثر ہوتا ہے، اور اس لحاظ سے ان میں کیونکر اختلاف مراتب ہوتا ہے۔

ہر زبان میں مترادف الفاظ ہوتے ہیں جو ایک ہی معنی پر دلالت کرتے ہیں لیکن جب غور سے دیکھا جائے تو ان الفاظ میں باہم فرق ہوتا ہے یعنی ہر لفظ کے مفہوم اور معنی میں کوئی ایسی خصوصیت ہوتی ہے جو دوسرے میں نہیں پائی جاتی۔ مثلاً خدا کو فارسی میں خدا، پروردگار اور دادار، آفرید گار، سب کہتے ہیں بظاہر ان سب الفاظ کے ایک ہی معنی ہیں لیکن درحقیقت ہر لفظ میں ایک خاص بات اور خاص اثر ہے جو اس کے ساتھ مخصوص ہے۔ اس لئے شاعر کی نکتہ دانی یہ ہے کہ جس مضمون کے ادا کرنے کے لئے خاص جو لفظ موزوں اور مؤثر ہے، وہی استعمال کیا جائے ورنہ شعر میں وہ اثر نہیں پیدا ہوگا۔ یہ ایک دقیق نکتہ ہے، اور بغیر اس کے کہ ایک خاص مثال میں ایک ایک لفظ پر بحث کر کے نہ سمجھایا جائے سمجھ میں نہیں آسکتا۔

فیضی کا شعر ہے،

بانگ قلمم درین شب تار
بس معنئ خفتہ کرد بیدار

شعر کا اصل مضمون یہ ہے کہ "شاعری میں میں نے بہت سے نئے مضمون پیدا کئے۔" اس کو استعارہ کے پیرایہ میں یوں ادا کیا ہے کہ "میرے قلم کی آواز نے بہت سے سوتے ہوئے مضمونوں کو جگادیا۔" اب اس کے ایک ایک لفظ پر خیال کرو۔

بانگ خاص اس آواز کو کہتے ہیں جس میں بلندی اور فخامت ہو جو جگانے کے لئے موزوں ہے۔ بانگ اور آواز اور صریر ہم معنی ہیں اس لئے بانگ قلم کے بجائے آواز قلم اور صریر قلم بھی کہہ سکتے ہیں۔ اس موقع کے لئے صرف بانگ موزوں ہے۔ قلم کو فارسی

میں خامہ اور کلک بھی کہتے ہیں لیکن قلم کے لفظ میں جو فخامت اور رعب ہے اور لفظوں میں نہیں۔ متکلم کے میم نے مل کر اس فخامت کو اور بڑھا دیا ہے۔ بانگ اور قلم کی ترکیب نے لفظ کو اور زیادہ پر وزن کر دیا ہے۔ تار کو تیرہ اور تاریک بھی کہتے ہیں لیکن اس مصرع میں حسن صورت کے لحاظ سے تار ہی موزوں ہے۔ بس کے ہم معنی بہت سے الفاظ ہیں، مثلاً بسیار، تخحتے، خیلے، وغیرہ لیکن بس کے لفظ میں کثرت کی جو توسیع ہے اور لفظوں میں نہیں ہے۔

ان تمام باتوں پر غور کرو تب یہ نکتہ حل ہو گا کہ اس شعر میں جو اثر ہے اس کا سبب یہ ہے کہ مضمون کی ایک ایک خصوصیت ظاہر کرنے کے لئے جو الفاظ درکار تھے اور جن کے بغیر وہ خصوصیت ادا نہیں ہو سکتی تھی، سب شاعر نے جمع کر دیے، اور ان باتوں کے ساتھ اصل مضمون میں اصلیت اور طرز ادا میں جدت اور ندرت پیدا کی۔

بڑے بڑے خیالات اور جذبات لفظ کے تابع ہوتے ہیں، ایک لفظ ایک بہت بڑے خیال یا بہت بڑے جذبہ کو مجسم کر کے دکھا سکتا ہے۔ ایک بہت بڑا مصور ایک مرقع کے ذریعہ سے غیظ و غضب، جوش اور قہر، عظمت اور شان کا جو منظر دکھا سکتا ہے شاعر صرف ایک لفظ سے وہی اثر پیدا کر سکتا ہے، مثلاً فردوسی نے جہاں رستم و سہراب کی داستان شروع کی ہے، لکھتا ہے،

کنوں جنگ سہراب و رستم شنو

(اب سہراب و رستم کی لڑائی سنو، بہت سے واقعات)

دگرہا شنید ستی ایں ہم شنو

(سن چکے ہو اب ذرا اس کو بھی سنو)

اس شعر میں یہ ظاہر کرنا تھا کہ سہراب کا واقعہ تمام گزشتہ واقعات سے زیادہ مؤثر،

زیادہ عجیب، زیادہ پر درد، اور زیادہ عبرت ناک ہے۔ شاعر نے صرف ایں ہم کے لفظ سے جو خیال ادا کر دیا ہے وہ ان سب باتوں میں شامل ہے اور پھر ان پر محدود نہیں بلکہ اور آگے بڑھتا ہے، یعنی معلوم نہیں اس داستان میں اور کیا اثر ہو گا۔

سکندر جب دارا کے پاس عالم نزع میں گیا ہے تو دارا اس سے کہتا ہے،

زمین را منم تاج رااتک نشین

(میں زمین کے سر کا تاج ہوں، مجھ کو)

مجنبان مرا تابجنبد زمین

(نہ ہلا، ورنہ زمین ہل جائے گی)

دوسرے مصرع نے وہ اثر پیدا کیا ہے جو ایک لشکر جرار نہیں پیدا کر سکتا ہے۔

بہت سے لفظ ایسے ہوتے ہیں جن کے معنی گو مفرد ہوتے ہیں لیکن اس میں مختلف حیثیتیں ہوتی ہیں اور اس لحاظ سے وہ لفظ گویا متعدد خیالات کا مجموعہ ہوتا ہے۔ اس قسم کا ایک لفظ ایک وسیع خیال ادا کر سکتا ہے اور اس لئے ان کے بجائے اگر ان کے مرادف الفاظ استعمال کیے جائیں تو مضمون کا اثر اور وسعت کم ہو جاتی۔ مثلاً کعبہ کو حرم بھی کہتے ہیں لیکن کعبہ کے لفظ سے ایک خاص عمارت مفہوم ہوتی ہے، بخلاف اس کے حرم کے لفظ میں متعدد مفہوم شامل ہیں۔ 'عمارت' خاص، یہ 'خیال' کہ وہ ایک محترم جگہ ہے۔ یہ 'خیال' کہ وہاں قتل و قصاص ناجائز ہے۔ یہ خیالات اس بنا پر ہیں کہ حرم کے لغوی معنی یہی تھے۔ اسی مناسبت سے اس عمارت کا یہ نام پڑا اور اب گو یہ لفظ حرم بن گیا ہے تاہم لغوی معنی کی جھلک اب تک موجود ہے، اس بنا پر حرم کا لفظ جن موقعوں پر جو اثر پیدا کر سکتا ہے کعبہ کا لفظ نہیں پیدا کر سکتا ہے، خاندان نبوت کو بھی حرم کہتے ہیں اور وہاں بھی عزت اور حرمت کی خصوصیت ملحوظ ہے۔

ان باتوں کو پیش رکھنے سے معلوم ہو گا کہ ذیل کے شعر میں حرم کا لفظ کیا اثر پیدا کرتا ہے اور یہ لفظ بدل جائے تو شعر کا درجہ کیا رہ جائے گا۔

از صاحب حرم چہ توقع کنند باز

آں ناکساں کہ دست بر اہل حرم زنند

یہ شعر اہل بیت کی شان میں ہے اور اس موقع کی طرف اشارہ ہے جب کہ یزید کی فوج نے اہل بیت کے خیموں میں گھس کر ان کے زیور اور کپڑے لوٹنے شروع کئے ہوئے ہیں۔ شعر کا مطلب یہ ہے کہ جو لوگ اہل بیت پر ہاتھ ڈالتے ہیں ان کو صاحب حرم یعنی خدا سے مغفرت کی کیا توقع ہو سکتی ہے۔

فصیح اور مانوس الفاظ کا انتخاب

شاعر کے لئے نہایت ضروری ہے کہ فصیح اور مانوس الفاظ کا تفحص کرے اور کوشش کرے کہ کوئی لفظ فصاحت کے خلاف نہ آنے پائے۔ فصاحت کی تعریف اگرچہ اہل فن نے منطقی طور پر جنس و فصل کے ذریعہ سے کی ہے۔ یعنی حرفوں میں تنافر نہ ہو، لفظ نادر الاستعمال نہ ہو، قیاس لغوی کے مخالف نہ ہو۔ لیکن حقیقت یہ ہے کہ فصاحت کا معیار صرف ذوق اور وجدان صحیح ہے، ممکن ہے کہ ایک لفظ میں تنافر حروف، ندرت استعمال، مخالفت قیاس کچھ نہ ہو، باوجود اس کے وہ فصیح نہ ہو، یہ بھی ممکن ہے کہ ایک بالکل نادر الاستعمال ہو اور پھر فصیح ہو، زبان کے الفاظ جو کبھی ہم نے استعمال نہیں کئے تھے بلکہ ہمارے کانوں میں نہیں پڑے تھے، اول اول جب ہم سنتے ہیں تو ان میں سے بعض ہم کو فصیح معلوم ہوتے ہیں، اور بعض نامانوس اور مکروہ، حالانکہ ندرت استعمال میں دونوں برابر ہیں۔

ایک نکتہ خاص طور پر یہاں لحاظ رکھنے کے قابل ہے۔ اکثر الفاظ ایسے ہوتے ہیں کہ

ان میں ثقل ہوتا ہے لیکن ابتدائی زمانہ میں جب لوگوں کا احساس نازک نہیں ہوتا تو ان کا ثقل محسوس نہیں ہوتا۔ کثرت استعمال اس ثقل کو اور کم کر دیتی ہے، لیکن بالآخر جب احساس نازک ہو جاتا ہے تو وہ الفاظ صاف کھٹکنے لگتے ہیں اور رفتہ رفتہ متروک ہو جاتے ہیں۔ لیکن نکتہ دان اور لطیف المذاق شاعر فتویٰ عام سے پہلے اس قسم کے الفاظ ترک کر دیتا ہے اور اس کا چھوڑنا گویا ان الفاظ کے متروک کرنے کا اعلان ہوتا ہے۔ یہی شعرا ہیں جن کی شاعری زبان کا آئین اور قانون بن جاتی ہے۔ اس کی مثال اردو میں شیخ امام بخش ناسخ ہیں۔ بہت سے بد مزہ اور ناگوار الفاظ مثلاً "آئے ہے"، "جائے ہے"، "کھوئے ہے"، یا اردو الفاظ کی فارسی جمعیں مثلاً "خوبان" وغیرہ وغیرہ الفاظ ناسخ کے زمانہ میں عموماً مروج تھے اور تمام شعرائے دہلی اور لکھنؤ ان کو برتتے تھے، لیکن ناسخ کے مذاق صحیح نے برسوں کے بعد آنے والی حالت کا پہلے اندازہ کر لیا اور یہ تمام الفاظ ترک کر دیے جو بالآخر دلّی والوں کو بھی ترک کرنے پڑے۔ خواجہ حافظ نے معلوم نہیں کہ سو برس کے آئندہ احساسات کا اندازہ کر لیا تھا کہ آج تک ان کی زبان کا ایک لفظ متروک نہیں ہوا۔

غرض یہ ہے کہ شاعر جس طرح مضامین کی جستجو میں رہتا ہے اس کو ہر وقت الفاظ کی جانچ پڑتال، اور ناپ تول میں بھی مصروف رہنا چاہئے۔ اس کو نہایت دقت نظر سے دیکھنا چاہئے کہ کون سے الفاظ میں وہ مخفی اور دور از نگاہ ناگواری موجود ہے جو آئندہ چل کر سب کو محسوس ہونے لگے گی۔

یہ بات بھی بتا دینے کہ قابل ہے کہ بعض الفاظ گو فی نفسہ ثقیل ہوتے ہیں لیکن گرد و پیش کے الفاظ کا تناسب ان کے ثقل کو مٹا دیتا ہے یا کم کر دیتا ہے، اس لئے شاعر کو مجموعی حالت پر نظر رکھنی چاہئے، اگر معنی کے لحاظ سے اس قسم کا لفظ اس کو کسی موقع پر مجبوراً استعمال کرنا ہے تو کوشش کرنی چاہئے کہ ایسے موقع پر اس کے لئے جگہ ڈھونڈھے

کہ یہ عیب جاتا رہے یا کم ہو جائے۔

سادگی ادا

سادگی ادا کے یہ معنی ہیں جو مضمون شعر میں ادا کیا گیا ہے بے تکلف سمجھ میں آجائے یہ بات اسباب ذیل سے حاصل ہوتی ہے۔

ا۔ جیسا کہ اوپر مذکور ہوا، جملوں کے اجزا کی وہ ترتیب قائم رکھی جائے جو عموماً اصلی حالت میں ہوتی ہے، وزن اور بحر و قافیہ کی ضرورت سے اجزائے کلام اپنی اپنی مقررہ جگہ سے زیادہ نہ ہٹنے پائیں۔

۲۔ مضمون کے جس قدر اجزا ہیں ان کا کوئی جزو رہ نہ جائے جس کی وجہ سے یہ معلوم ہو کہ بیچ میں خلا رہ گیا ہے۔ جس طرح زینہ سے کوئی پایہ الگ کر لیا جاتا ہے مثلاً انوری کا یہ شعر،

تا خاک کف پائے ترا نقش نہ بستند
اسباب تپ لرزہ ندادند قسم را

اس شعر کا مطلب سمجھنا امور ذیل کے ذہن نشین کرنے پر موقوف ہے۔ 'جھوٹی' قسم کھانے سے تپ لرزہ آجاتا ہے۔ "ممدوح" کے خاک پا کی لوگ قسم کھاتے ہیں۔ شعر کا مطلب یہ ہے کہ قسم میں جو یہ تاثیر رکھی گئی ہے کہ کوئی جھوٹی قسم کھائے گا تو اس کو تپ چڑھ آئے گی۔ یہ بات اس وقت سے ہوئی ہے جب ممدوح کے کف پا کا نقش زمین پر بنا، اب اگر کوئی شخص ممدوح کے کف پا کی قسم جھوٹ کھاتا ہے تو اس کو لرزہ چڑھ آتا ہے، ورنہ پہلے جھوٹ قسم کھانے سے کچھ نقصان نہیں ہوتا تھا۔

اس مضمون میں یہ جز کہ "جھوٹی قسم سے تپ آجاتی ہے" مذکور نہیں، نہ اس قدر یہ بات مشہور ہے کہ تپ کے ذکر سے اس کا خیال آجائے، اکثر اشعار میں جو تعقید اور

پیچیدگی رہ جاتی ہے اس کی یہی وجہ ہوتی ہے کہ مضمون کا کوئی ضروری جزو چھوٹ جاتا ہے۔

اس کے ساتھ یہ بھی ملحوظ رکھنا چاہئے کہ اکثر موقعوں پر بعض اجزائے مضامین کا چھوڑ دینا خاص لطف پیدا کرتا ہے، یہ وہ مواقع ہوتے ہیں جہاں سننے والوں کا ذہن خود بخود اس جزو کی طرف منتقل ہو سکتا ہے مثلاً یہ شعر،

سخت شرماتے ہیں اتنا نہ سمجھتا تھا انھیں
چھیڑنا تھا تو کوئی شکوۂ بے جا کرتا

شعر کا مطلب یہ ہے کہ میں معشوق کو بھولا بھالا سمجھتا تھا اس لئے میں نے اس کو چھیڑنا چاہا تو سچی شکایتیں کیں کہ وہ اس سے ناراض یا شرمندہ نہ ہو گا لیکن وہ سمجھ گیا اور بہت شرمایا، اب مجھ کو افسوس ہے فقط چھیڑنا مقصود تھا، اس لئے جھوٹی شکایت کرنی چاہئے تھی کہ وہ شرمندہ بھی نہ ہوتا اور چھیڑ چھاڑ کا لطف بھی قائم رہتا۔ اس مضمون میں سے یہ حصے کہ میں نے "ان کو چھیڑا" اور "سچی شکایتیں کیں" چھوڑ دیے گئے ہیں لیکن مضمون کے بقیہ حصے ان کو پورا کر دیتے ہیں، یہ شاعری کا ایک خاص نازک پہلو ہے اور مرزا غالب کا یہ خاص انداز ہے۔

۳۔ استعارے اور تشبیہیں دور از فہم نہ ہوں۔ اس کی تفصیل استعارہ اور تشبیہ کی بحث میں آئے گی۔

۴۔ اکثر اشعار میں قصہ طلب حوالے ہوتے ہیں اور ان پر اکثر شاعرانہ مضامین کی بنیاد قائم ہوتی ہے ان کو تلمیحات کہتے ہیں۔ یہ تلمیحات ایسی نہیں ہونی چاہئیں جو کسی کو معلوم نہ ہوں۔ خاقانی کی تمام تر شاعری اسی قسم کی غیر متعارف تلمیحات پر مبنی ہے اور اسی وجہ سے اس کے اکثر اشعار لوگوں کے سمجھ میں نہیں آتے۔ مثلاً پرویز و ترنج زر،

کسریٰ وترہ زرین، زرین ترہ کو بر خوان، رد کم تر کو ابر خوان۔ پرویز کا ترنج زر تو خیر لوگوں کو معلوم بھی ہو گا لیکن کسری کے ترہ زرین کو کون جانتا ہے اور کم تر کو اکی طرف تو بجز نہایت جید حافظ کے جو عالم بھی ہو کسی کا خیال بھی نہیں منتقل ہو سکتا۔

۵۔ سادگی ادا میں اس بات کو بہت دخل ہے کہ روز مرہ اور بول چال کا زیادہ لحاظ رکھا جائے۔ روز مرہ چونکہ عام زبانوں پر چڑھا ہوا ہوتا ہے اس لئے ایک لفظ ادا ہونے کے ساتھ فوراً پورا جملہ ذہن میں آجاتا ہے اور اس کے سہارے سے مشکل سے مشکل مضمون کے سمجھنے میں آسانی ہوتی ہے۔ بڑے بڑے نامور شعرا کا اصلی کمال یہی ہے کہ اعلیٰ اعلیٰ خیال روز مرہ اور بول چال میں اس طرح ادا کرتے ہیں کہ گویا معمولی بات ہے۔ مثلاً حضرات صوفیہ کے یہاں، منازل سلوک میں بعض مرحلے مثلاً توکل، رضا، ترک خودی، دشوار گزار ہیں۔ داغ نے اس مسئلہ کو کس سادگی سے ادا کیا ہے،

رہروِ راہِ محبت کا خدا حافظ ہے
اس میں دو چار بہت سخت مقام آتے ہیں

یہاں شاید کسی کو یہ خیال پیدا ہو کہ سادگی کوئی عام چیز نہیں قرار پا سکتی۔ عوام کے لئے معمولی خیالات بھی عسیر الفہم ہیں اور خواص مشکل مضامین کو بھی آسانی سے سمجھ سکتے ہیں، لیکن یہ خیال صحیح نہیں۔ سادگی یہی ہے کہ عام و خاص دونوں بے تکلف سمجھ سکیں، فرق جو ہو گا یہ ہو گا کہ عام آدمی شعر کا ظاہری اور سرسری مطلب سمجھ لیں گے لیکن خواص کی نظر اس کے نکات، لطائف اور دقائق تک پہنچے گی اور ان پر شعر کا اثر عوام سے زیادہ ہو گا۔ مثلاً یہ شعر،

مادر پیالہ عکس رُخ یار دیدہ ایم
اے بے خبر ز لذت شراب مدام ما

اس کا مطلب ہر خاص و عام سمجھ سکتا ہے۔ البتہ اس میں تصوف کا جو مسئلہ بیان کیا گیا ہے وہ خاص ارباب حال کے سمجھنے کی چیز ہے۔

شاعری کی بڑی خوبی جدت ادا ہے۔ جدت ادا میں بات کو خواہ مخواہ کسی قدر معمولی پیرایہ سے بدل کر اور اصلی راستہ سے ہٹا کر بیان کرنا ہوتا ہے۔ اس لئے شاعر کو اس موقع پر سخت مشکل کا سامنا ہوتا ہے۔ کیونکہ اس صورت میں سادگی ادا کو قائم رکھنا گویا اجتماع النقیضین ہوتا ہے لیکن حقیقت میں شاعری کے کمال کا یہی موقع ہے، اس کی یہی صورت ہے کہ جدت کے سوا سادگی کی اور تمام باتیں موجود ہوں یعنی الفاظ سہل ہوں، تشبیہات قریب الفہم ہوں، ترکیب میں پیچیدگی نہ ہو، روز مرہ اور محاورہ موجود ہو، ان سب باتوں کے ساتھ جدت ادا میں اعتدال سے تجاوز نہ کیا جائے۔ اس صورت میں جدت کی وجہ سے سادگی میں کسی قدر فرق پیدا ہو گا تو اور باتیں اس کی تلافی کریں گی۔

جملوں کے اجزاء کی ترکیب

یہ شعر کی خوبی کا بڑا ضروری جزو ہے، ہر زبان میں الفاظ کے تقدم و تاخر کی ایک خاص ترتیب ہوتی ہے کہ اس سے تجاوز جائز نہیں۔ جب اسی ترتیب سے یہ اجزا کلام میں آتے ہیں تو مضمون بے تکلف سمجھ میں آجاتا ہے۔ جب یہ اجزاء اپنی اصلی جگہ سے ہٹ جاتے ہیں تو مطلب میں پیچیدگی پیدا ہو جاتی ہے اور جس قدر یہ تبدیلی زیادہ ہوتی جاتی ہے اسی قدر کلام پیچیدہ ہوتا جاتا ہے لیکن شعر میں وزن اور بحر اور قافیہ کی ضرورت سے اصلی ترتیب پوری پوری قائم نہیں رہ سکتی۔ تاہم شاعر کو یہ کوشش کرنی چاہئے کہ جہاں تک ممکن ہو وہ کل کے پرزوں کو اپنی اپنی جگہ قائم رکھے اور کم سے کم یہ زیادہ نہ ہٹ جانے پائیں، جس قدر یہ وصف شاعر کے کلام میں زیادہ ہو گا اسی قدر شعر میں زیادہ روانی اور سلاست ہو گی۔ یہی وصف ہے جس نے سعدی کے کلام کو تمام شعراء سے ممتاز کر دیا

ہے۔ ان کے متعدد اشعار ایسے ہیں کہ ان کو نثر کرنا چاہیں تو نہیں کر سکتے، کیونکہ ان میں جملہ کے اجزاء کی وہی ترتیب ہے جو نثر میں ہو سکتی ہے اور ایسے تو بہت ہیں جن کی نظم و نثر میں خفیف سا فرق ہے۔

مثلاً،

خط سبز ولب لعلت بچہ ماند؟ دانی
من بگویم بسر چشمۂ حیوان ماند
چکند کشتۂ عشقت کہ نگوید غم دل
تو پسندار کہ خون ریزی و پنہان ماند
اے تماشا گاہ عالم روئے تو
تو کجا بہر تماشا مے روی
بسیار خلاف وعدہ کردی
آخر بہ غلط یکے وفا کن
برخیز و در سرائے بر بند
بنشین و قبائے بستہ وا کن

واقعیت

فن ادب کا یہ ایک معرکۃ الآرا اور مغالطہ انگیز مسئلہ ہے۔ ایک فریق کا خیال ہے کہ واقعیت، شعر کی ضروری شرط ہے، دوسرا گروہ کہتا ہے کہ محاسن شعری میں مبالغہ بھی ہے اور ظاہر ہے کہ مبالغہ اور واقعیت، متناقض چیزیں ہیں۔ یہ مسئلہ مدت سے زیر بحث ہے اور فیصلہ اس لئے نہیں ہوتا کہ ہر فریق صرف اپنے دلائل پیش کرتا ہے اور مخالف کا استدلال دھندلا کر کے دکھاتا ہے، اس لئے ضرورت ہے کہ دونوں طرف کے دلائل

پورے زور کے ساتھ بیان کر کے انصافاً فیصلہ کیا جائے، ساتھ ہی یہ بھی بتایا جائے کہ فریق بر سر غلط کو جو غلطی پیدا ہوئی ہے اس کے اسباب کیا ہیں؟

مبالغہ کا طرفدار کہتا ہے کہ ائمہ شعرا نے تصریح کی ہے کہ کذب اور مبالغہ، شاعری کا زیور ہے۔ نابغہ ذبیانی سے لوگوں نے پوچھا کہ اشعر الناس کون ہے؟ اس نے کہا، من استجید کذبہ یعنی جس کا جھوٹ پسندیدہ ہو۔

نظامی فرماتے ہیں،

در شعر پیچ و در فن او
چوں اکذب اوس احسن او

تمام بڑے بڑے شعرا جن کی شاعری مسلمہ عام ہے ان کے کلام میں عموماً مبالغہ اور غلو موجود ہے۔ اس کے علاوہ اکثر وہی اشعار کارنامۂ شاعری خیال کئے جاتے ہیں جن میں کذب اور مبالغہ ہے۔ مثلاً فردوسی کے یہ اشعار،

فرو شد بہ ماہی و بر شد بہ ماہ
بُن نیزہ و قبۂ بار گاہ
ز بس گرد میدان کہ بر شد بہ دشت
زمین شش شد و آسمان گشت ہشت
یکے خیمہ داشت افراسیاب
ز مشرق بہ مغرب تنیدہ طناب

اس سے انکار نہیں ہو سکتا ہے کہ بعض ائمہ فن نے کذب اور مبالغہ کو حسن شاعری قرار دیا ہے لیکن زیادہ تر ائمہ فن اس کے مخالف ہیں۔

حسان بن ثابت کہتے ہیں،

وان اشعر بیت انت قائلہ
بیت یقال اذاانشدتہ صدقا
(اچھا شعر وہ ہے کہ جب پڑھا جائے تو لوگ بول اٹھیں کہ سچ کہا۔)

ابن رشیق نے کتاب العمدہ میں اساتذہ کے بہت سے اقوال اس کے موافق نقل کئے ہیں۔

یہ شعر ابلاغت کے نکتہ شناس ہیں، وہ زور طبیعت کی وجہ سے مبالغہ کرنا چاہتے ہیں تو ساتھ ہی کوئی شرط لگا دیتے ہیں، جس سے مبالغہ نہیں رہتا۔ مثلاً بحتری نے متوکل کی مدح میں ایک نہایت پر زور قصیدہ لکھا ہے، جس میں متوکل کے نماز عید میں جانے کا ذکر کیا ہے اس قصیدہ کا مشہور شعر یہ ہے،

فلو ان مشاقاً تکلف فوق ما
فی وسعہ لمشی الیک المنبر

یعنی اگر "کوئی شخص اپنے امکان سے زیادہ کام کر سکتا تو اے ممدوح، منبر تیری طرف بڑھ کر چلا آتا۔" چونکہ منبر کا حرکت کرنا محال بات تھی، اس لئے شاعر نے قید لگادی کہ "اگر ایسا ممکن ہوتا تو یہ ہوتا۔" یہاں ایک خاص نکتہ پیش نظر رکھنا چاہئے، شاعری اور انشاپردازی تمدن کے ساتھ ساتھ چلتی ہے۔ یعنی جس قسم کا تمدن ہوتا ہے اسی قسم کی شاعری بھی ہوتی ہے۔ قوم کی ابتدائی ترقی کا جو زمانہ ہوتا ہے اس وقت شاعرانہ خیالات سادہ ہوتے ہیں۔ جب ترقی کرتی ہے اور تمام شریفانہ جذبات، مشتعل ہو جاتے ہیں تو گو شاعری میں جوش اور زور پیدا ہو جاتا ہے لیکن اب بھی سچائی اور راستی کے مرکز سے نہیں ہٹتی، کیونکہ یہ وہ زمانہ ہوتا ہے جب قوم ہمہ تن عمل ہوتی ہے، اس کے بعد جب عیش اور ناز و نعمت کی نوبت آتی ہے تو ہر ہر بات میں تکلف، ساخت، اور آورد پیدا ہو جاتی

ہے، یہی زمانہ ہے جب شاعری میں مبالغہ شروع ہوتا ہے، اسی کا نتیجہ ہے کہ قدمائے اولیں کے کلام میں بالکل مبالغہ نہیں، جب عباسیہ کا دور آیا اور عیش پرستی کی ہوا چلی تو مبالغہ کا زور ہوا۔

اس تقریر سے یہ غرض ہے کہ جن شعرا کے کلام سے مبالغہ کی خوبی پر استدلال کیا جاتا ہے ان کی نسبت یہ دیکھو کہ وہ کس زمانے کے ہیں؟ اگر متاخرین میں ہیں تو سمجھ لینا چاہئے کہ یہ تمدن کی خرابی ہے جس کا اثر مذاق پر بھی پڑا ہے کہ لوگ مبالغہ پسند کر رہے ہیں۔ اس لئے نہ شاعر سند کے قابل ہے نہ پسند کرنے والوں کے مذاق سے استدلال ہو سکتا ہے، بلکہ یہ سمجھ لینا چاہئے کہ تمدن کی خرابی نے شاعر اور سامعین، دونوں کے مذاق کو خراب کر دیا ہے۔

جن لوگوں نے کذب و مبالغہ کو شعر کا زیور قرار دیا ہے، ان کی غلطی کی وجہ یہ ہوئی کہ کذب و مبالغہ میں تخئیل کا استعمال کرنا پڑتا ہے۔ مثلاً اگر گھوڑے کی نسبت یہ کہا جائے کہ وہ ایک منٹ میں ایک کروڑ کوس طے کر لیتا ہے تو شعر بالکل بے مزہ اور مہمل ہو گا، اس لئے جب کوئی شاعر اس قسم کا مبالغہ کرنا چاہے گا تو ضرور ہے کہ تخئیل سے کام لے۔ مثلاً ایک شاعر کہتا ہے،

روبرو سے اگر آئینہ کے اس گلگوں کو
پھینک دے لے کے کبھی شرق سے تو غرب تلک
اتنے عرصہ میں پھر آئے تو اسے باور کر
عکس بھی آئینہ سے ہونے نہ پائے منفک

اس سے ظاہر ہو گا کہ مبالغہ میں اگر کوئی حسن پیدا ہوتا ہے تو تخئیل کی بنا پر ہوتا ہے، نہ اس لئے کہ وہ جھوٹ اور مبالغہ ہے، بعض مبالغوں میں تخئیل کی بجائے اور کوئی

شاعرانہ حسن ہوتا ہے۔ مثلاً کمزوری اور لاغری کے مبالغہ میں یہ شعر،

تنم از ضعف چناں شد کہ اجل جست و نیافت

نالہ ہر چند نشان داد کہ در پیرہن است

یعنی میرا جسم ایسا گھل گیا کہ موت نے آکر بہت ڈھونڈھا لیکن نہ پایا باوجودیکہ نالہ نے پتہ بھی دیا کہ پیراہن میں ہے۔ اس شعر میں مبالغہ نے حسن نہیں پیدا کیا ہے بلکہ حسن ادا کی خوبی ہے۔ اس بات کو کہ نالہ سے جسم کا وجود معلوم ہو سکتا تھا، یوں ادا کیا ہے کہ گویا نالہ کوئی جاندار چیز ہے اور اسی نے پتہ بتایا۔

غرض جب زیادہ غور اور کاوش کروگے تو معلوم ہوگا کہ مبالغہ کے جس قدر اشعار مقبول ہیں، ان میں مبالغہ کے سوا اور خوبیاں ہیں اور دراصل یہ انہی کا اثر ہے۔

اس بحث میں ایک بڑی غلطی یہ ہوتی ہے کہ شاعری کے مختلف انواع اور ان کی خصوصیات کا لحاظ نہیں کیا جاتا، شعر کی دو قسمیں ہیں تخئیلی اور غیر تخئیلی۔ تخئیلی میں واقعہ سے غرض نہیں ہوتی بلکہ زیادہ تر یہ مطمح نظر ہوتا ہے کہ قوت تخئیل کس قدر پرزور اور وسیع ہے، اس بنا پر اس قسم کی شاعری میں مبالغہ سے کام لیا جائے تو بدنما نہیں، لیکن وہاں بھی سامعین کی طبیعت پر استعجاب کا جو اثر پیدا ہوتا ہے، وہ مبالغہ کی وجہ سے نہیں بلکہ قوت تخئیل کی بنا پر ہوتا ہے لیکن اور اقسام شاعری مثلاً فلسفیانہ، اخلاقی، تاریخی، عشقیہ، نیچرل، ان میں مبالغہ بالکل لغو چیز ہے، اس لئے اگر شعر میں مبالغہ جائز بھی ہو، تو صرف شعر کی ایک خاص نوع (تخئیل) میں ہوگا، اس سے عام خوبی نہیں ثابت ہو سکتی۔

شاعری سے اگر صرف تفریح مقصود ہو تو مبالغہ کام آسکتا ہے لیکن وہ شاعری جو ایک طاقت ہے، جو قوموں کو زیروزبر کر سکتی ہے، جو ملک میں ہلچل ڈال سکتی ہے، جس سے عرب قبائل میں آگ لگا دیتے تھے، جس سے نوحہ کے وقت درودیوار سے آنسو نکل

پڑتے تھے، وہ واقعیت اور اصلیت سے خالی ہو تو کچھ کام نہیں کر سکتی۔ تم نے تاریخ میں پڑھا ہو گا کہ جاہلیت میں، ایک شعر ایک معمولی آدمی کو تمام عرب میں روشناس کر دیتا تھا۔ بخلاف اس کے ایران کے شعراء نے جن مدوحوں کی تعریف میں دفتر کے دفتر سیاہ کر دیے، ان کا نام بھی کوئی نہیں جانتا۔ اس کی یہی وجہ ہے کہ شعرائے جاہلیت کے کلام میں واقعیت ہوتی تھی، اس لئے اس کا واقعی اثر ہوتا تھا، ایرانی شعراء باتوں کے طوطے مینا بناتے تھے جس سے دم بھر کی تفریح ہو سکتی تھی، باقی ہیچ۔

یہ اثر اسی وقت پیدا ہو سکتا ہے جب شعر میں واقعیت ہو، ورنہ خالی باتوں کی شعبدہ کاری سے کیا ہو سکتا ہے۔ عرب کی شاعری میں جو یہ اثر تھا کہ قبیلہ کے قبیلہ میں ایک شعر، آگ لگا دیتا تھا، اسی وقت تک تھا جب تک شاعری میں واقعیت تھی کہ جو کچھ کہتے تھے سراسر سچ ہوتا تھا۔ جب عباسیہ کے دور میں مبالغہ شروع ہو گیا تو شاعری ایک بانگ بے اثر رہ گئی۔ شعرا دیوان کے دیوان لکھ ڈالتے تھے اور کوئی اثر نہیں ہوتا تھا۔ یہ ضروری نہیں کہ شعر میں جو کچھ کہا جائے وہ سرتاپا واقعیت ہو، بلکہ غرض یہ ہے کہ اصلیت کے اثر سے خالی نہ ہو۔ مثلاً ایک واقعہ واقع میں نہیں ہوا لیکن شاعر کو اس کا پورا یقین ہے۔ یہ واقعہ شعر میں ادا ہو گا تو اثر سے خالی نہ ہو گا۔ میر انیس کہتے ہیں،

حملہ غضب ہے بازوئے شاہ حجاز کا
لنگر نہ ٹوٹ جائے زمین کے جہاز کا

اس شعر میں بظاہر مبالغہ ہے، کسی انسان کے حملہ سے زمین، اپنی جگہ سے نہیں ہل سکتی لیکن جب یہ تصور کیا جائے کہ یہ کلام کس کی زبان سے نکلا ہے تو کلام میں واقعیت کا اثر آجاتا ہے اور پھر مبالغہ نہیں رہتا، دوسری صورت واقعیت کی یہ ہے کہ گو وہ واقعہ جس کی طرف منسوب کیا گیا ہے، اس کی طرف یہ نسبت صحیح نہیں لیکن فی نفسہ واقعہ

ممکن ہے، اور پایا جاسکتا ہے، اس صورت میں شعر کا اثر باطل نہیں ہوتا۔ عرفی نے خوب کہا،

منکر نتواں گشت اگر دم زنم از عشق

ایں نشہ بہ منگر نہ بود باد گرے ہست

یعنی میں اگر عشق کا دعویٰ کروں تو انکار نہیں کرنا چاہئے۔ یہ نشہ مجھ میں نہ سہی کسی نہ کسی میں تو ہے۔ عشقیہ اشعار میں مبالغے اس لئے چنداں بد نما معلوم نہیں ہوتے کہ شاعر میں گو وہ باتیں نہ ہوں لیکن عشق و محبت کے جوش میں اس قسم کے واقعات ناممکن نہیں۔

شعر میں مبالغہ کے پیدا ہونے کا اصلی سبب یہ ہوا کہ شاعر کا احساس، عام لوگوں کی نسبت زیادہ قوی اور مشتعل ہوتا ہے، اس لئے ہر واقعہ اس پر اوروں کی بہ نسبت زیادہ اثر کرتا ہے۔ شاعر اسی اثر کو ادا کرتا ہے لیکن چونکہ عام لوگ اس درجہ کا احساس نہیں رکھتے، ان کو مبالغہ معلوم ہوتا ہے اور اب جو لوگ دراصل شاعر نہیں اور شاعر بننا چاہتے ہیں، وہ بے تکلف مبالغہ شروع کرتے ہیں اور اصلی حد سے نکل جاتے ہیں۔ قدماء اسی جائز حد تک مبالغہ کرتے تھے لیکن متاخرین نے جو دراصل فطرۃً شاعر نہ تھے، بہ قصد و ارادہ اپنے احساس کو قوی تر بنانا چاہا اور چونکہ اس کا ان کو خود تجربہ نہ تھا اس لئے کہیں سے کہیں نکل گئے یہاں تک کہ جس قدر زیادہ ناممکن بات کا اظہار کیا جائے اسی قدر مبالغہ کا حسن سمجھا جانے لگا۔

کلام کے لئے واقعیت ایسی ضروری چیز ہے کہ بلاغت کے بہت سے اسالیب میں صرف اسی وجہ سے حسن اور اثر پیدا ہوتا ہے کہ اس میں واقعیت کا پہلو ہوتا ہے، مثلاً وہ موقع جہاں شاعر کسی بات کو شک اور اشتباہ کے طور پر بیان کرتا ہے، مثلاً،

داروجمال روئے توامشب تماشائے دگر
یاآن کہ من مے بینمش بہتر زشبہائے دگر

یعنی "معشوق کے چہرہ میں آج زیادہ جلوہ گری ہے، یا یہ کہ مجھی کو ایسا نظر آتا ہے۔" اس شعر میں تعریف کا اقتضا یہ تھا کہ شاعر قطعی طور سے دعویٰ کرتا کہ معشوق کا حسن بڑھ گیا ہے، لیکن اس نے شک ظاہر کیا اور کہا کہ یا تو حسن میں ترقی ہوئی، یا فی نفسہ ترقی نہیں ہوئی لیکن مجھ پر خاص اثر ہے۔ چونکہ یہ بات زیادہ قرین قیاس ہے، اور اس لئے اس میں واقعیت کا زیادہ پہلو ہے، اس لئے یہ طرز ادا زیادہ پر لطف معلوم ہوتا ہے، یا مثلاً،

یا مگر کاوشِ آں نشتر مژگان کم شد
یا کہ خود زخم مرا لذّتِ آزار نماند

یا مثلاً جہاں کسی چیز کو کچھ گھٹا کر بیان کیا جاتا ہے وہاں ایک خاص لطف پیدا ہوتا ہے، یہ اسی واقعیت کا اثر ہے۔ مثلاً،

پاس ادب سے رہ گئی فریاد کچھ ادھر
میں کیا کہوں کہ چرخ بریں کتنا دور تھا

غرض شعر اس وقت تک کچھ اثر نہیں پیدا کر سکتا جب تک اس میں واقعیت نہ ہو۔ عرب میں شاعری کا اوج شباب جاہلیت کا زمانہ خیال کیا جاتا ہے، اس زمانہ میں شعرا جو کچھ کہتے تھے سر تا پا واقعہ ہوتا تھا۔ میدان جنگ سے شاعر اگر بھاگ آیا ہے تو اس کو بھی ظاہر کر دیتا تھا، ایک جہنی شاعر نے اپنا اور دشمنوں کا معرکہ لکھا ہے، چونکہ لڑائی برابر رہی تھی، اس لئے ایک ایک بات میں مساوات کا پلہ برابر رکھا ہے، یہاں تک کہتا ہے،

فابو بالرماح مکسراتٍ
(وہ لوگ ٹوٹے ہوئے نیزوں کے ساتھ واپس گئے)

وابنا بالیسوف قد انحینا

(اور ہم پلٹے تو ہماری تلواریں خم ہو گئی تھیں)

کسی رئیس، یا بادشاہ کی تعریف کرتے تھے، تو واقعیت سے تجاوز نہیں کرتے تھے۔ سلامتہ بن جندل سے ایک رئیس نے کہا کہ میری مدح لکھو، چونکہ اس میں کوئی وصف، مدح کے قابل نہ تھا، شاعر نے انکار کیا اور کہا افعل حتی اقول تم کچھ کر کے دکھاؤ تو میں کہوں۔

تخیل میں بظاہر واقعیت کی ضرورت نہیں معلوم ہوتی لیکن در حقیقت تخیل بھی اسی وقت پر لطف اور پر اثر ہوتی ہے، جب اس کی تہ میں واقعیت ہو۔ مثلاً یہ شعر،

کے بہ ہر نا محرمے، چاک جگر خواہم نمود

منکر ز حمت رانہان از چشم سوزن داشتم

شعر کا ترجمہ یہ ہے کہ اے معشوق! میں نا محرم کو اپنے جگر کا چاک بھلا کیونکر دکھا سکتا ہوں میں نے تو تیرے زخموں کو، سوئی کی آنکھوں سے بھی چھپا رکھا ہے۔

اس شعر میں سوئی کو ایک جاندار چیز قرار دینا اور اس سے زخم چھپانا تخیل ہے، لیکن مضمون کی اصل بنیاد واقعیت پر مبنی ہے، اصل مضمون یہ ہے کہ میں عام آدمیوں کے سامنے معشوق کے گلے نہیں کرتا، بلکہ اپنے خاص ہمدرد لوگوں سے بھی اپنے راز کو چھپاتا ہوں۔

شعر کیوں اثر کرتا ہے

یہ امر بدیہی ہے کہ شعر ایک مؤثر چیز ہے لیکن یہ بحث طلب ہے کہ اس اثر کا اصلی سبب کیا ہے؟ ارسطو نے کتاب الشعر میں اس کی جو وجہ لکھی ہے اس کا حاصل یہ ہے،

"انسان میں نقال اور محاکات کا فطری مادہ ہے، جانوروں میں یا تو یہ مادہ مطلق نہیں

ہوتا، یا ہوتا ہے تو کم ہوتا ہے۔ مثلاً طوطی صرف، آواز کی نقالی کر سکتا ہے، حرکات و سکنات کی نقل نہیں کر سکتا، بندر حرکات و سکنات کی نقل اتارتا ہے لیکن آواز سے کام نہیں لے سکتا، بخلاف اس کے انسان، آواز سے اشارہ سے، حرکات سے، سکنات سے، اور مختلف طریقوں سے ہر چیز کی نقل اتار سکتا ہے۔""یہ بھی انسان کی فطرت ہے کہ اس کو محاکات سے ایک خاص لطف حاصل ہوتا ہے، فرض کرو اگر ایک بدصورت جانور کی ہوبہو تصویر کھینچی جائے تو ہر شخص کو لطف آئے گا، حالانکہ خود اس جانور کے دیکھنے سے طبیعت مکدر رہوتی ہے، اس سے معلوم ہوا کہ کسی شے کی محاکات، خود لطف انگیز ہے، فی نفسہ وہ شے بری ہو یا بھلی اور چونکہ شعر بھی ایک قسم کی نقالی اور مصوری ہے اس لئے خواہ مخواہ اس سے طبیعت پر اثر پڑتا ہے۔"دوسری وجہ یہ ہے کہ موسیقی راگ بالطبع مؤثر چیز ہے اور شعر میں موسیقی کا جزو شامل ہے۔ اس لئے جس شعر میں زیادہ موسیقیت ہوتی ہے زیادہ موثر ہوتا ہے۔"

ارسطو نے جو وجوہ بیان کئے، گو بجائے خود صحیح ہیں، لیکن شعر کی تاثیر انہیں باتوں پر موقوف نہیں۔ شعر میں اور بھی بہت سی باتیں ہیں جن کی وجہ سے وہ دلوں کو متاثر کرتا ہے۔ اس مضمون کے دلنشین ہونے کے لئے پہلے یہ نکتہ سمجھنا چاہئے کہ انسانی معاشرت کی کل فلسفہ اور سائنس سے نہیں بلکہ جذبات سے چل رہی ہے۔ فرض کرو ایک بڈھے شخص کا بیٹا مر گیا اور لاش سامنے پڑی ہے، یہ شخص اگر سائنس سے رائے لے تو یہ جواب ملے گا کہ ایسے اسباب جمع ہوگئے جن کی وجہ سے دوران خون، یا دل کی حرکت بند ہوگئ، اسی کا دوسرا نام مرنا ہے۔

یہ ایک چانک واقعہ ہے جو ناگزیر وقوع میں آیا، اور چونکہ دوبارہ زندہ ہونے کی کوئی تدبیر نہیں، اس لئے رونا دھونا بیکار، بلکہ ایک حماقت کا کام ہے۔ لیکن کیا تمام عالم میں

ایک شخص کا بھی اس پر عمل ہے؟ کیا خود سائنس دان اس اصول سے کام لے سکتا ہے؟ بچوں کا پیار، ماں کی ممتا، محبت کا جوش، غم کا ہنگامہ، موت کا رنج، ولادت کی خوشی، کیا ان چیزوں کو سائنس سے کوئی تعلق ہے؟ لیکن یہ چیزیں اگر مٹ جائیں تو دفعتہً سناٹا چھائے گا اور دنیا قالب بے جان، شراب بے کیف، گل بے رنگ، گوہر بے آب ہو کر رہ جائے گی۔ دنیا کی چہل پہل، رنگینی، دلاویزی، دلفریبی، سائنس کی وجہ سے نہیں بلکہ انسانی جذبات کی وجہ سے ہے جو عقل کی حکومت سے قریباً آزاد ہے۔

شاعری کو جذبات ہی سے تعلق ہے اس لئے تاثیر اسکا عنصر ہے، شاعری ہر قسم کے جذبات کو برانگیختہ کرتی ہے، اسلئے رنج، خوشی، جوش، استعجاب، حیرت میں جو اثر ہے، شعر میں بھی وہی اثر ہوتا ہے۔ مصورانہ شاعری اس لئے دل پر اثر کرتی ہے کہ جو مناظر اثر انگیز ہیں، شاعری ان کو پیش نظر کر دیتی ہے۔

باد سحر کے جھونکے، آب رواں کی رفتار، پھولوں کی شگفتگی، غنچوں کا تبسم، سبزہ کی لہلہاہٹ، خوشبوؤں کی لپٹ، بادل کی پُھہار، بجلی چمک، یہ منظر آنکھ کے سامنے ہو تو دل پر وجد کی کیفیت طاری ہو جائے گی، شاعری، ان مناظر کو بعینہ پیش کر دیتی ہے، اس لئے اس کی تاثیر سے کیونکر انکار ہو سکتا ہے۔

شاعری صرف محسوسات کی تصویر نہیں کھینچتی، بلکہ جذبات اور حساسات کو بھی پیش نظر کر دیتی ہے۔ اکثر ہم خود اپنے نازک اور پوشیدہ جذبات سے واقف نہیں ہوتے یا ہوتے ہیں تو صرف ایک دھندلا دھندلا سا نقش نظر آتا ہے۔ شاعری، ان پس پردہ چیزوں کو پیش نظر کر دیتی ہے، دھندلی چیزیں چمک اٹھتی ہیں، مٹا ہوا نقش اجاگر ہو جاتا ہے، کھوئی ہوئی چیز ہاتھ آجاتی ہے، خود ہماری روحانی تصویر، جو کسی آئینہ کے ذریعہ سے ہم نہیں دیکھ سکتے، شعر ہم کو دکھا دیتا ہے۔

دنیا کا کاروبار جس طرح چل رہا ہے اس کا اصلی فلسفہ، خود غرضی اور اصول معاوضہ ہے، اور جب اس کو زیادہ وسعت دی جائے تو ہمارے تمام اعمال اور افعال، ایک سلسلہ وار دوست بن جاتے ہیں۔ بچوں کی محبت اور پرداخت اس لئے ہے کہ وہ آئندہ چل کر ہمارے کام آئیں گے، باپ کی اطاعت اس کے پچھلے احسانات کا معاوضہ ہے، مہمان نوازی اس اصول پر ہے کہ ہم کو بھی کبھی مہمان ہونے کی ضرورت پیش آئے گی، قومی کام اس لئے کئے جاتے ہیں کہ واسطہ در واسطہ خود کرنے والے کو اس سے فائدہ پہنچتا ہے۔

اس فلسفہ سے بے شبہ عمل کی قوت بڑھ جاتی ہے، تجارت کو ترقی ہوتی ہے، کاروبار وسیع ہو جاتے ہیں، دولت کی بہتات ہو جاتی ہے، لیکن تمام جذبات مر جاتے ہیں، دل مردہ ہو جاتا ہے، لطیف اور نازک احساسات فنا ہو جاتے ہیں، عشق و محبت برباد ہو جاتے ہیں، اور تمام دُنیا ایک بے حس کل بن جاتی ہے جو خود غرضی کی قوت سے چل رہی ہے، اس حالت میں شعر شریفانہ جذبات کو تر و تازہ کرتا ہے، وہ محسوسات کے دائرہ سے نکال کر ہم کو ایک اور وسیع اور دلفریب عالم میں لے جاتا ہے، وہ ہم کو بے لاگ اور بے غرض دوستی کی تعلیم کرتا ہے، وہ ہم کو سچی خوشی اور سچی مسرت دلاتا ہے، جب کہ کاروبار کے ہجوم، مقابلہ کی کشمکش، معاملات کی اُلجھن، تردداتی کی دار و گیر سے دل بالکل ہمت ہار دیتا ہے تو شعر مجسم سکون اور اطمینان بن کر ہمارے سامنے آتا ہے اور کہتا ہے،

شراب تلخ وہ ساقی کہ مرد فگن بود زورش
کہ تا لختے بیاسایم ز دنیا و ز شر و شورش

جب کہ سائنس اور مشاہدات کی ممارست ہم کو سخت دل اور کٹر بنا دیتی ہے اور تمام منعقدات اور مسلمات عامہ کے دل میں حقارت پیدا ہو جاتی ہے، کسی بات پر اعتبار نہیں آتا، کسی چیز کا اثر نہیں رہتا۔ مادّہ کے سوا تمام چیزوں کی حکومت دل سے اٹھ جاتی

ہے، اس وقت شاعری ہمارے دل کو رقیق اور نرم کرتی ہے، جس سے تسلیم، اثر پذیری اور اعتقاد پیدا ہوتا ہے، مادیت کے بجائے روحانیت قائم ہوتی ہے وہ ہم کو عالم تخیل میں لے جاتی ہے، جہاں تھوڑی دیر کے لئے مشاہدات کی بے رحم حکومت سے ہم کو نجات مل جاتی ہے۔

جب کہ دولت اور امارت کی سحر کاریاں ہمارے دل کو رشک اور حسرت سے بھر دیتی ہیں، سلاطین اور امراء کی نظر فروز زندگی ہمارے دل پر رشک کے چرکے لگاتی ہے، اس وقت ہاتف غیب کی یہ آواز،

بس کن ز کبر وناز کہ دیداست روزگار
چین قبائے قیصر وطرف کلاہ کے

شاعری کا استعمال

شعر ایک قوت ہے جس سے بڑے بڑے کام لیے جاسکتے ہیں، بشرطیکہ اس کا استعمال صحیح طور سے کیا جائے۔ عرب میں شاعری کی ابتداء رجز سے ہوئی یعنی میدان جنگ میں دو حریف جب مقابلہ کے لئے بڑھتے تھے، تو جوش میں فخریہ موزون فقرے ان کی زبان سے نکلتے تھے۔ یہ دو چار شعر سے زیادہ نہیں ہوتے تھے، لیکن طبل جنگ کا کام دیتے تھے۔ اس کے بعد مرثیہ شروع ہوا۔ یعنی جب کوئی عزیز یا دوست مر جاتا تھا تو اس کی لاش پر نوحہ کرتے تھے۔ بعض بعض شعراء نے تمام عمر مرثیہ کے سوا کچھ نہ کہا۔ خنساء ایک عورت تھی، وہ اپنے بھائی سے نہایت محبت رکھتی تھی، وہ مر گیا تو اس کو اس قدر صدمہ ہوا کہ تمام عمر رویا کی، چنانچہ اس کے سیکڑوں ہزاروں اشعار اسی کے مرثیہ میں ہیں۔ ہتمم بن نویرہ کا بھی بھائی کے مرنے پر یہی حال ہوا۔ شہر شہر، مارا مارا پھرتا تھا، جہاں پہنچ جاتا مرد عورت اس کے پاس جمع ہو جاتے۔ بھائی کا مرثیہ پڑھتا، خود روتا اور لوگوں کو

رولاتا۔

مرثیہ کے بعد قصیدہ شروع ہوا۔

شعرائے عرب اکثر تیغ و علم ہوتے تھے، اس لئے قصائد میں اپنے معرکے لکھتے تھے۔ عمرو بن ہند عرب کا مشہور بادشاہ گزرا ہے، جب اس کا تسلط تمام ملک پر ہو گیا تو اس نے ایک دن دربار میں کہا عرب میں آج کوئی ہے؟ جو میرے سامنے گردن نہ جھکائے۔ درباریوں نے کہا، عمر کلثوم شاعر۔ اگر آپ کا مطیع ہو جائے تو پھر کوئی شخص آپ کے سامنے سر نہیں اٹھا سکتا۔ بادشاہ نے عمرو کلثوم کو مع مستورات کے بلا بھیجا۔ عمرو کلثوم کی ماں شاہی حرم میں گئی اور وہ خود دربار میں بیٹھا۔ بادشاہ کی ماں نے عمرو کلثوم کی ماں سے کسی چیز کی طرف اشارہ کر کے کہا کہ اُٹھا دینا، اس نے کہا کہ تم خود اُٹھا لو۔ بادشاہ کی ماں نے دوبارہ حکم دیا اور پھر یہی جواب ملا۔ تیسری دفعہ جب فرمائش کی تو عمرو کلثوم کی ماں چیخ اٹھی کہ واتغلباہ (قبیلہ تغلب کی دھائی) عمرو کلثوم نے آواز سنی سمجھا کہ اس کی ماں کی تحقیر کی گئی فوراً تلوار میان سے گھسیٹ بادشاہ کا سر اُڑا دیا اور دربار سے نکل آیا۔

پھر بڑا رن پڑا جس میں دونوں طرف کے ہزاروں آدمی مارے گئے۔ عکاظ کے میلہ کا دن آیا تو عمرو کلثوم نے مجمع عام میں کھڑے ہو کر قصیدہ پڑھا، جس میں اس واقعہ کی تفصیل تھی۔ اس قصیدہ میں تمام واقعات اور اپنی حمیت و غیرت کو اس جوش سے لکھا ہے کہ دو برس تک، قبیلۂ تغلب کا ہر بچہ اس کے اشعار بچپن ہی سے سیکھتا اور یاد کرتا تھا، اہل تاریخ کا بیان ہے کہ اس قصیدہ کی بدولت کئی سو برس تک اس قبیلہ میں شجاعت اور دلیری کے اوصاف قائم رہے۔ آج بھی یہ اشعار افسردہ دلوں کو گرما دیتے ہیں۔ یہ قصیدہ در کعبہ پر آویزاں کیا گیا تھا اور اس وجہ سے سبعہ معلقہ میں داخل ہے۔

یہ شاعری کا صحیح استعمال تھا اور اسی کا اثر تھا کہ عرب میں قوم کی باگ، شعرا کے

ہاتھ میں تھی۔ وہ قوم کو جدھر چاہتے تھے جھونک دیتے تھے اور جدھر سے چاہتے تھے روک لیتے تھے۔ افسوس ہے کہ ایران نے کبھی یہ خواب نہیں دیکھا، یہاں کے شعرا ابتدا سے غلامی میں پلے اور ہمیشہ غلام رہے اور اپنے لئے نہیں بلکہ دوسروں کے لئے پیدا ہوئے تھے۔

شریفانہ اخلاق پیدا کرنے کا شاعری سے بہتر کوئی آلہ نہیں ہو سکتا۔ علم اخلاق ایک مستقل فن ہے اور فلسفہ کا ایک جزء اعظم ہے ہر زبان میں اس فن پر بہت سی کتابیں لکھی گئی ہیں، لیکن اخلاقی تعلیم کے لئے ایک ایک شعر ضخیم کتاب سے زیادہ کام دے سکتا ہے۔ شاعری ایک مؤثر چیز ہے، اس لئے جو خیال اس کے ذریعہ سے ادا کیا جاتا ہے، دل میں اُتر جاتا ہے اور جذبات کو برانگیختہ کرتا ہے، اس بنا پر اگر شاعری کے ذریعہ سے اخلاقی مضامین بیان کئے جائیں اور شریفانہ جذبات مثلاً شجاعت، ہمت، غیرت، حمیت، آزادی کو اشعار کے ذریعہ سے ابھارا جائے تو کوئی اور طریقہ اس کی برابری نہیں کر سکتا۔ اسلام سے پہلے عرب، ایک سخت جاہل اور مفلس قوم تھی۔ گائے اور اونٹنی کے دودھ کے سوا اور کچھ ان کو میسر نہیں آسکتا تھا۔ مکان کے بدلے جھونپڑے یا کمبل کے تنبو تھے، رات دن آپس میں لڑتے کٹتے مرتے تھے، باایں ہمہ انہی وحشیوں میں، سچائی، ایفائے عہد، مہمان نوازی، جودوسخا، ہمت اور غیرت، کے جو اوصاف پائے جاتے تھے، آج شائستہ قوموں کو نصیب نہیں، نہایت سچ کہا ہے،

جیسے راہزن اور لٹیرے تھے ہمارے راست باز
رہنماؤں میں نہیں پاتے ہم آج ان کی نظیر

میدان جنگ میں جنگی باجے، وہ کام نہیں دے سکتے جو رجز کا ایک ایک مصرع دے سکتا ہے۔ حضرت عائشہ صدیقہ جب حضرت عثمان کے خون کے دعوے سے جناب امیر

علیہ السلام سے معرکہ آرا ہوئیں اور ان کی فوج پر شکست کے آثار پیدا ہوئے تو قبیلہ ضبتہ کے ایک شخص نے بڑھ کر ان کے اونٹ کی مہار پکڑلی اور یہ اشعار پڑھے،

نحن بنو ضبۃ اصحاب الجمل

(ہم قبیلہ ضبتہ کے لوگ ہیں، ہم کو موت شہد سے زیادہ)

الموت احلی عندنا من العسل

(شیریں معلوم ہوتی ہے، ہم عثمانؓ کے مرنے کی خبر برچھی کی)

منعی ابن عفان باطراف الاسل

(زبان سے سناتے ہیں، ہمارے شیخ (عثمان)

ردّوا علینا شیخنا ثم بجبل

(کو واپس دے دو، پھر کچھ جھگڑا نہیں)

یہ شخص خود لڑکر مارا گیا لیکن یہ حالت ہوئی کہ پے در پے، بڑے بڑے سردار، آگے بڑھتے تھے، حضرت عائشہ کے اونٹ کے مہار تھام کر لڑتے تھے اور مارے جاتے تھے، قریباً ڈیڑھ سو آدمیوں نے اس طرح جانیں دے دیں۔

استقلال اور پامردی کی تعلیم، ارسطو کی کتاب الاخلاق سے اس قدر نہیں ہو سکتی جس قدر اس شعر سے ہو سکتی ہے،

من آنگہ عنان باز پیچم زراہ

(میں اس وقت، میدان سے ہٹوں گا؟)

کہ یا سر دہم یا ستانم کلاہ

(کہ یا تو سر دیدوں، یا تاج چھین لوں)

اخلاق کی کتابوں میں ریاکاری کی بُرائی کے دفتر ہیں، لیکن یہ ایک رُباعی

ان سب سے زیادہ اثر کر سکتی ہے،

زاہد بہ زن فاحشہ گفتا مستی
کز خیر گسستی و بہ شر پیوستی
زن گفت چناں کہ مے نمایم ہستم
تو نیز چناں کہ مے نمائی ہستی

یعنی زاہد نے ایک فاحشہ عورت سے کہا کہ تو بڑی نالایق ہے، عورت نے کہا میں جیسا اپنے آپ کو ظاہر کرتی ہوں، باطن میں بھی ویسی ہی ہوں (یعنی میرا ظاہر باطن یکساں ہے) کیا حضور بھی باطن میں ایسے ہی ہیں جیسا ظاہر میں نظر آرہے ہیں۔ اخلاق جلالی اور اخلاق ناصری علم الاخلاق کی نہایت مستند علمی کتابیں ہیں، لیکن یہ بدیہی بات ہے کہ ایران کے اخلاق و عادات پر گلستان اور بوستان نے ان سے کہیں زیادہ اثر کیا ہے۔

شاعری کے جس قدر اقسام ہیں، یعنی فلسفیانہ، اخلاقی، عشقیہ، تخئیلی، سب سے مفید کام لئے جا سکتے ہیں۔ فلسفیانہ شاعری، دقیق خیالات کو آسانی کے ساتھ ذہن نشین کر سکتی ہے، اخلاقی شاعری، اخلاق کو سنبھالتی ہے، عشقیہ شاعری سے زندہ دلی اور تازگی روح پیدا ہوتی ہے۔ تخئیل سے طبیعت کو اہتزاز اور انبساط ہوتا ہے، لیکن افسوس ہے کہ اکثر شعرائے ایران نے شاعری کا صحیح استعمال نہیں کیا بہ لحاظ غالب، شاعری، صرف دو کام کے لئے مخصوص ہوگئی۔ سلاطین اور امرا کی مداحی جس میں کذب و افترا کا طومار باندھا جاتا تھا اور عشق و عاشقی جو دور از کار مبالغوں اور فضول گوئیوں سے معمور تھی۔

متاخیرین نے تخئیل کو البتہ بہت وسعت دی، لیکن اس میں اس قدر اعتدال سے تجاوز کر گئے کہ تخئیل نہیں رہی بلکہ معما بن گئی۔

شعر اور شاعری کی عظمت

عرب میں جب کوئی شاعر پیدا ہوتا تھا تو ہر طرف سے مبارکباد کی سفارتیں آتی تھیں، خوشی کے جلسے کئے جاتے تھے، قبیلہ کی عورتیں جمع ہوکر فخریہ گیت گاتی تھیں۔ قبیلہ کی عزت اور شان دفعتاً بلند ہو جاتی تھی، ایک ایک شعر ایک قبیلہ یا ایک شخص کا نام قیامت تک کے لئے زندہ کر دیتا تھا شماخ بن ضرار نے عرائبہ اوسی کی شان میں یہ شعر کہا،

اذا مارایہ رفعت لمجد

(جب عظمت اور بڑائی کا جھنڈا کہیں بلند کیا جاتا ہے)

تلقاًھا عرابۃ بالیمین

(تو عرابہ اس کو داہنے ہاتھ سے تھام لیتا ہے)

تو عرابہ کا نام تمام عرب میں مشہور ہو گیا اور آج تک یہ مصرع ضرب المثل ہے۔

عرب میں محلق ایک گمنام شخص تھا، اس کے تین بیٹیاں تھیں اور ان کو بر نصیب نہیں ہوتا تھا، اتفاق سے اعشیٰ شاعر کا اس طرف گزر ہوا۔ محلق کی بیوی نے اس کی آمد سنی تو محلق سے کہا کہ یہ وہ شخص ہے کہ جس کی مدح کر دیتا ہے تمام ملک میں معزز ہو جاتا ہے۔ محلق نے اعشیٰ کی دعوت کی کھانے کے بعد شراب کا دور چلا تو اعشیٰ نے محلق سے اس کے اہل و عیال کا حال پوچھا، محلق نے بیٹیوں کا ذکر کیا کہ جوان ہو گئی ہیں اور کہیں سے شادی کا پیغام نہیں آتا، اعشیٰ نے کہا اس کا انتظام کر دیا گیا، تم مطمئن رہو عکاظ کے میلہ کا زمانہ آیا تو اعشیٰ نے مجمع عام میں قصیدہ پڑھا۔ تمہید کے بعد یہ شعر تھے،

لعمری لقد لاحت عیون کثیرۃ

اَلیٰ ضوءِ نارٍ بالبقاع تحرق

تشب لمقرورین یصطلیانھا

وبات لدی النار الندی والمحلق

قصیدہ ختم نہیں ہونے پایا تھا کہ محلق کے گرد بھیڑ لگ گئی۔ شرفائے عرب نے آ آکر اس سے قرابت کی خواہش کی اور تینوں لڑکیاں معزز گھرانوں میں پہنچ گئیں۔

نمیر ایک نہایت معزز قبیلہ تھا، ان کو اپنے حسب ونسب کا اس قدر غرور تھا کہ جب اس قبیلہ کے کسی آدمی سے کوئی شخص پوچھتا تھا کہ تم کس قبیلہ سے ہو تو غرور کے لہجہ میں بھاری آواز سے نمیر کا نام لیتا تھا، جریر جو مشہور شاعر تھا اس کو اس قبیلہ کے ایک آدمی سے رنج پہنچا۔ جریر گھر میں آیا، بیٹے سے کہا آج چراغ میں تیل زیادہ ڈالنا۔ قبیلہ مذکور کی ہجو میں اشعار لکھنے شروع کئے جب یہ شعر زبان سے نکلا،

فغض الطرف اِنک من نمیر

فلا کعباً بلغت ولا کلابا

تو اچھل پڑا اور کہا "واللہ اخریتہ اُخر الدھر "یعنی خدا کی قسم میں نے اس کو ابد تک کے لئے رسوا کر دیا۔ تمام عرب میں یہ شعر مشہور ہو گیا اور یہ حالت ہوگئی کہ اس قبیلہ کے کسی آدمی سے لوگ قبیلہ کا نام پوچھتے تو نمیر کا نام چھوڑ کر اوپر کی پشتوں کا نام بتاتا تھا، یہاں تک کہ سرے سے قبیلہ کا نام ہی مٹ گیا۔

سلطان محمود کی عظمت وشان اور جبروت واقتدار محتاج اظہار نہیں، لیکن فردوسی نے ہجو کے جو شعر کہہ دیے محمود کسی طرح ان کو مٹا نہ سکا، تمام ملک میں منادی تھی کہ جس کے پاس یہ ہجو نکلے گی گرفتار ہو گا۔ فردوسی خود شہر بہ شہر روپوش بھاگا پھرتا تھا لیکن اس کے اشعار بچہ بچہ کی زبان پر تھے۔ آج شاہنامہ کے جس قدر نسخے دنیا میں موجود ہیں کوئی اس ہجو سے خالی نہیں۔

عرب میں شاعر کا یہ رتبہ تھا کہ شاعر کسی کی مدح اور تعریف لکھنا عار سمجھتا تھا۔

ابتدائی شاعری سے ایک مدت تک مدحیہ قصائد نہیں لکھے گئے۔ شاعر پر کوئی کچھ احسان کرتا تھا، تو شکریہ کے طور پر اس کا ذکر کر دیتا تھا لیکن احسان کرنے والا بادشاہ بھی ہو تب بھی مدّح کا لفظ اس کی زبان سے نہیں نکلتا تھا۔ سب سے پہلا شخص جس نے مدّح لکھی نابغہ ذبیانی ہے اگرچہ اس مدّح کی بدولت نابغہ اس قدر دولت مند ہو گیا کہ سونے چاندی کے برتنوں میں کھانا کھاتا تھا، لیکن عرب میں اس کی عزت جاتی رہی۔ ۸

نابغہ کے بعد اعشیٰ نے شاعری کو پیشہ بنالیا، جابجا مدح کہتا اور انعام لیتا پھرتا تھا۔ رفتہ رفتہ یہ عام رواج ہو گیا اور اب ایک مدت سے قصیدہ اور کاسہ گدائی، مرادف الفاظ ہیں۔ تاہم اسلام کے زمانہ میں بھی بعض بعض شعرا مدح سے عار رکھتے تھے۔ عمر بن ابی ربیعۃ القرشی جو غزل گو شاعر تھا، اس نے کبھی کسی کی مدح نہیں کی اور جب خلیفہ عبد الملک نے اس سے مدح کی فرمائش کی تو اس نے کہا کہ "میں مردوں کی نہیں بلکہ عورتوں کی مدح کرتا ہوں۔" جمیل ایک دفعہ ولید بن عبد الملک کا ہم سفر تھا۔ ولید نے جمیل سے کہا کہ شعر سناؤ، اس کو خیال تھا کہ جمیل اس کی مدح کہے گا، جمیل نے اپنی شان میں یہ فخریہ شعر پڑھا،

انا جمیل فی السنام من معد

فی الذروۃ العلیا والرکن الاشد

اس موقع پر یہ ملحوظ رکھنا چاہئے کہ ولید وہ شخص ہے جس نے ایک طرف اسپین اور دوسری طرف سندھ فتح کیا تھا اور بنو امیہ میں اس سے بڑھ کر کوئی بادشاہ نہیں گزرا، تاہم جمیل سے کچھ تعرض نہ کرسکا۔

مردان بن ابی حفصہ کہتا ہے،

مازلت آنف ان آونف مدحۃ

الا لصاحب منبر و سریر

یعنی مجھ کو مدح سے ہمیشہ عار رہا، اور مدح کرتا ہوں تو صاحب تاج و تخت کی کرتا ہوں۔ ابن میّادۃ نے خلیفہ منصور کی مدح میں یہ قصیدہ لکھا اور بغداد جانے کا ارادہ کیا کہ دربار میں سنائے۔ تھوڑی دیر کے بعد نوکر دودھ لے کر آیا، ابن میادۃ نے دودھ پی کر پیٹ پر ہاتھ پھیرا اور کہا جب تک یہ میسر ہے، مجھ کو منصور کی کیا غرض ہے۔

سیف الدولہ کی جاہ و جلالت مشہور ہے۔ متنبی اس کے دربار کا شاعر تھا۔ سیف الدولہ اس کو اور درباری شاعروں کے ساتھ برابر بٹھاتا تھا۔ متنبی نے جل کر قصیدہ لکھا اور دربار میں سنایا، سیف الدولہ سے مخاطب ہو کر کہتا ہے،

وَمَا انتفاع اخی الدنیا بناظرۃ

اذا استوت عندہ الانوار والظلم

یعنی انسان کو آنکھ سے کیا حاصل جب اس کو روشنی اور تاریکی یکساں نظر آتی ہو۔

یا اعدل الناس الا فی معاملتی

فیک الخصام وانت الخصم والحکم

یعنی اے سب سے زیادہ انصاف کرنے والے (بجز میرے معاملہ کے) تیری ہی بابت جھگڑا ہے اور تو ہی فریق مخالف ہے اور تو ہی پنچ ہے۔

یہ قصیدہ سنا کر دربار سے چلا گیا اور مصر میں آیا۔ مصر سے بغداد ہوتا ہوا، شیراز کا ارادہ کیا۔ شیراز میں عضد الدولہ حکمران تھا جو شاہنشاہ کا لقب رکھتا تھا اور جس کا ہمسر اس زمانہ میں کوئی بادشاہ نہ تھا، عضد الدولہ کو خبر ہوئی تو اس کے استقبال کے لئے دربانوں کو بھیجا۔ متنبی دربار میں آیا لیکن ان شرائط پر کہ دربار میں شعرا کے ساتھ نہیں بیٹھے گا اور قصیدہ کھڑے ہو کر نہیں پڑھے گا۔ عضد الدولہ نے یہ شرطیں منظور کیں۔ ایک موقع پر

عضد الدولہ نے کسی سے کہا کہ متنبی نے جو قصیدے شام میں لکھے یہ قصیدے اس رتبہ کے نہیں۔ متنبی نے کہا کہ جس درجہ کا شخص ہوتا ہے اسی کے موافق شعر کہا جاتا ہے۔

حاشیے

(۱)

(۲)

(۳) مقدمہ ترجمہ الیڈ بزبان عربی، مطبوعہ مصر، صفحہ ۶۲

(۴) عمدہ ابن رشیق، جلد دوم، صفحہ ۱۸۴

(۵) جن لوگوں کے نزدیک شعر میں وزن ضروری نہیں وہ ہر شاعرانہ انداز بیان کو شعر کہتے ہیں۔

(۶) یہاں پر شعر العجم ۴ طبع اول صفحہ ۶۸ سطر ۱۔۲۔۳ میں غیر مفہوم عبارت تھی، اصل دیکھنے سے معلوم ہوا کہ وہ کٹی ہوئی عبارت تھی، کاتب نے غلطی سے اس کو لکھ دیا تھا، لہٰذا وہ سوا دو سطریں حذف کر کے مطابق اصل کر دی گئیں وہ مقطوعہ عبارت یہ ہے،

"اتفاق سے کوئی مد مقابل نہ تھا، اس لئے بہر حال انہیں لوگوں کی نظر پڑی اور زیادہ دام لگے اس لئے افسوس کے طور پر کہتا ہے کہ "کیا کہئے اس سال بھی ان کی قیمت زیادہ ہی رہی۔"

(۷) کتاب العمدہ، جلد دوم مطبوعہ مصر صفحہ، ۵۰

(۸) کتاب العمدہ، جلد اول، صفحہ ۴۹

***

سرسید مرحوم اور اردو لٹریچر

سرسید کے جس قدر کارنامے ہیں اگرچہ رفارمیشن اور اصلاح کی حیثیت ہر جگہ نظر آتی ہے، لیکن جو چیزیں خصوصیت کے ساتھ ان کی اصلاح کی بدولت ذرے سے آفتاب بن گئیں، ان میں ایک اردو لٹریچر بھی ہے۔ سرسید ہی کی بدولت اردو اس قابل ہوئی کہ عشق و عاشقی کے دائرے سے نکل کر ملکی، سیاسی، اخلاقی، تاریخی ہر قسم کے مضامین اس زور اور اثر، وسعت و جامعیت، سادگی اور صفائی سے ادا کر سکتی ہے کہ خود اس کے استاد یعنی فارسی زبان کو آج تک یہ بات نصیب نہیں۔ ملک میں آج بڑے بڑے انشا پرداز موجود ہیں جو اپنے اپنے مخصوص دائرہ مضمون کے حکمراں ہیں، لیکن ان میں سے ایک شخص بھی نہیں جو سرسید کے بار احسان سے گردن اٹھا سکتا ہو۔ بعض بالکل ان کے دامن تربیت میں پلے ہیں، بعضوں نے دور سے فیض اٹھایا ہے، بعض نے مدعیانہ اپنا الگ رستہ نکالا، تاہم سرسید کی فیض پذیری سے بالکل آزاد کیونکر رہ سکتے تھے۔

سرسید کی جس زمانے میں نشوونما ہوئی، دلی میں اہل کمال کا مجمع تھا، اور امرا اور رؤسا سے لے کر ادنیٰ طبقے تک میں علمی مذاق پھیلا ہوا تھا۔ سرسید جس سوسائٹی کے ممبر تھے اس کے بڑے ارکان مفتی صدر الدین خاں آرزردہ، مرزا غالب اور مولانا صہبائی تھے۔ ان میں سے ہر شخص تصنیف و تالیف کا مالک تھا اور انہی بزرگوں کی صحبت کا اثر تھا کہ سرسید نے ابتدا ہی میں جو مشغلہ علمی اختیار کیا وہ تصنیف و تالیف کا مشغلہ تھا۔ اول وہ

رواج عام کے اقتضا سے شاعری کے میدان میں آئے، آہی تخلص اختیار کیا اور اردو میں ایک چھوٹی سی مثنوی لکھی، جس کا ایک مصرع انہی کی زبانی سنا ہوا مجھے یاد ہے، نام میرا تھا کام ان کا تھا۔ لیکن حقیقت یہ ہے کہ ان کو شاعری سے مناسبت نہ تھی، اس لئے وہ بہت جلد اس کوچے سے نکل آئے اور نثر کی طرف توجہ کی۔ چونکہ حقائق اور واقعات کی طرف ابتدا سے میلان تھا اس لئے دلی کی عمارتوں اور یادگاروں کی تحقیقات شروع کی اور نہایت محنت و کوشش سے اس کام کو انجام دے کر ۱۸۴۷ میں ایک مبسوط کتاب لکھی جو آثار الصنادید کے نام سے مشہور ہے۔

اس وقت اگرچہ سرسید کے سامنے اردو نثر کے بعض بعض عمدہ نمونے موجود تھے، خصوصاً میر امن صاحب کی چہار درویش جو ۱۸۰۲ میں تالیف ہوئی تھی اور جس کی سادگی، صفائی اور واقعہ طرازی آج بھی موجودہ تصنیفات کی ہمسری کا دعویٰ کر سکتی ہے۔ اس کے ساتھ مضمون جو اختیار کیا گیا تھا، یعنی عمارات اور ابنیہ کی تاریخ وہ تکلف اور آورد سے اِبا کرتا تھا، تاہم آثار الصنادید میں اکثر جگہ بیدل اور ظہوری کا رنگ نظر آتا ہے۔ اس کی وجہ یہ تھی کہ سرسید کی رات دن کی صحبت مولانا امام بخش صہبائی سے رہتی تھی، اور مولانا موصوف بیدل کے ایسے دلدادہ تھے کہ ان کا کلمہ پڑھتے تھے اور جو کچھ لکھتے تھے، اسی طرز میں لکھتے تھے۔ سرسید نے مجھ سے خود بیان کیا کہ آثار الصنادید کے بعض بعض مقامات بالکل مولانا امام بخش صہبائی کے لکھے ہوئے ہیں، جو انہوں نے میری طرف سے اور میرے نام سے لکھ دیے تھے۔ بہر حال اس کتاب میں جہاں جہاں انشا پردازی کا زور دکھایا ہے، اس کا نمونہ یہ ہے،

"ان حضرت کی طبع رسا شکلِ رابع سے پہلے اس سے نتیجہ حاصل کرتی ہے کہ بدیہی الانتاج سے ارباب فہم و ذکا اور ناخن فکر عقدہ لاینحل کو پہلے اس سے وا کرتا ہے کہ گرہ

حباب کو انگشت موج دریا۔ معنی فہمی اس درجہ کہ راست و درست سمجھ لیا کہ زبان سوسن نے کیا کہا اور رمز شناسی اس مرتبہ کہ واقعی معلوم ہو گیا کہ نگاہ نرگس نے کیا اشارہ کیا۔ اگر ان کی رائے روشن معجز نما ہو تو نقطہ موہوم کو انگشت سے تقسیم کرے اور جزلایتجزی کو دو نیم۔"

اگرچہ اس سے بہت پہلے یعنی ۱۸۳۶ میں مولوی محمد حسین آزاد کے والد بزرگوار مولوی محمد باقر نے اردو اخبار کے نام سے اردو کا ایک پرچہ نکالا تھا اور خود سرسید نے ایک پرچہ جاری کیا تھا جس کا نام سید الاخبار تھا اور دونوں پرچوں کی زبان، ضرورت کے اقتضا سے سادہ اور صاف ہوتی تھی۔ تاہم اس وقت تک یہ زبان علمی زبان نہیں سمجھی جاتی تھی اس لئے جب کوئی شخص علمی حیثیت سے کچھ لکھتا تھا تو اسی فارسی نما طرز میں لکھتا تھا۔ سرسید نے بھی اسی وجہ سے آثار الصنادید میں جہاں انشا پردازی سے کام لیا اسی طرز کو برتا۔

آثار الصنادید جس زمانے میں نکلی، اس کے تھوڑے ہی دنوں کے بعد تقریبا ۱۸۵۰ میں دلی کے مشہور شاعر مرزا غالب نے اردو کی طرف توجہ کی، یعنی مکاتبات وغیرہ اردو میں لکھنے شروع کئے اور چونکہ وہ جس طرف متوجہ ہوتے تھے، اپنا کوچہ الگ نکال کر رہتے تھے، اس لئے انہوں نے تمام ہم عصروں کے برخلاف مکاتبے کو مکالمہ کر دیا۔ مکاتبات میں وہ بالکل اس طرح ادائے مطلب کرتے تھے جیسے دو آدمی آمنے سامنے بیٹھے باتیں کر رہے ہیں۔ اس کے ساتھ بہت سے خطوط میں انسانی جذبات، مثلاً رنج و غم، مسرت و خوشی، حسرت و بے کسی کو نہایت خوبی سے ادا کیا ہے۔ اکثر جگہ واقعات کو اس بے ساختگی سے ظاہر کیا کہ واقعے کی تصویر آنکھوں کے سامنے پھر جاتی ہے۔ اس لحاظ سے یہ کہنا بے جا نہیں کہ اردو انشا پردازی کا آج جو انداز ہے اور جس کے مجدد اور امام سرسید مرحوم

تھے اس کا سنگ بنیاد در اصل مرزا غالب نے رکھا تھا۔ سر سید کو مرزا سے جو تعلق تھا، وہ ظاہر ہے۔ اس لئے کچھ شبہ نہیں ہو سکتا کہ سر سید ضرور مرزا کی طرز سے مستفید ہوئے۔

اسی زمانے میں ہندوستان کے ہر حصے میں کثرت سے اردو اخبارات جاری ہو گئے اور انشا پردازی کو روز بروز ترقی ہوتی گئی۔ اخبارات کو ہر قسم کے اخلاقی، تمدنی، ملکی، مذہبی، تاریخی مسائل سے کام پڑتا تھا، اس لئے ہر قسم کے مضامین لکھے گئے، تاہم انشا پردازی کا کوئی خاص اسٹائل متعین نہیں ہوا تھا۔ اس کے علاوہ جو کچھ تھا ابتدائی حالت میں تھا۔ ۱۲۸۷ھ میں جس کو آج کم و بیش ۲۷ برس ہوئے، سر سید نے قوم کی حالت کی اصلاح کے لئے تہذیب الاخلاق کا پرچہ نکالا اور اردو انشا پردازی کو اس رتبے پر پہنچا دیا جس کے آگے اب ایک قدم بڑھنا بھی ممکن نہیں۔ سر سید نے اردو میں جو باتیں پیدا کیں اس کو وہ مختصراً تہذیب الاخلاق میں خود ایک مقام پر لکھتے ہیں، ان کی خاص عبارت یہ ہے،

"جہاں تک ہم سے ہو سکا ہم نے اردو زبان کی، علم و ادب کی ترقی میں اپنے ناچیز پرچوں کے ذریعہ سے کوشش کی۔ مضمون کے ادا کا ایک سیدھا اور صاف طریقہ اختیار کیا۔ رنگین عبارت سے جو تشبیہات اور استعارات خیالی سے بھری ہوئی ہے اور جس کی شوکت صرف لفظوں ہی لفظوں میں رہتی ہے اور دل پر اس کا کچھ اثر نہیں ہوتا، پرہیز کیا۔ اس میں کوشش کی جو کچھ لطف ہو، مضمون کے ادا میں ہو۔ جو اپنے دل میں ہو، وہی دوسرے کے دل میں پڑے تاکہ دل سے نکلے اور دل میں بیٹھے۔" اس آرٹیکل میں سر سید نے انشا پردازی کے اور بہت سے اصول بنائے ہیں جن کو اس موقع پر ہم اختصار کی وجہ سے قلم انداز کرتے ہیں۔

سر سید کی انشا پردازی کا سب سے بڑا کمال یہ ہے کہ ہر قسم کے مختلف مضامین پر کچھ نہ کچھ بلکہ بہت کچھ لکھا ہے اور جس مضمون کو لکھا ہے اس درجے پر پہنچا دیا ہے کہ اس

سے بڑھ کرنا ممکن ہے۔ فارسی اور اردو میں بڑے بڑے شعرا اور نثار گزرے ہیں، لیکن ان میں ایک بھی ایسا نہ تھا جو تمام قسم کے مضامین کا حق ادا کر سکتا۔ فردوسی بزم میں رہ جاتا ہے، سعدی رزم کے مرد میدان نہیں، نظامی رزم بزم دونوں کے استاد ہیں، لیکن اخلاق کے کوچے سے آشنا نہیں، ظہوری صرف مدحیہ نثر لکھ سکتا ہے، برخلاف اس کے سرسید نے اخلاق، معاشرت، پالیٹکس، مناظر قدرت وغیرہ وغیرہ سب پر لکھا ہے اور جو کچھ لکھا ہے لاجواب لکھا ہے۔ مثال کے طور پر بعض بعض مضامین کے جستہ جستہ فقرے نقل کرتے ہیں۔ امید کی خوشی پر ایک مضمون لکھا ہے جس میں امید کو مخاطب کیا ہے، اس کے چند فقرے یہ ہیں،

"دیکھ نادان بے بس بچہ گہوارے میں ہوتا ہے، اس کی مصیبت زدہ ماں اپنے دھندے میں لگی ہوئی ہے، اور اس گہوارے کی ڈوری بھی ہلاتی جاتی ہے، ہاتھ کام میں اور دل بچے میں ہے، اور زبان سے اس کو یوں لوری دیتی ہے، سورہ میرے بچے سورہ، اے اپنے باپ کی مورت اور میرے دل کی ٹھنڈک سورہ، اے میرے دل کی کونپل سورہ، بڑھ اور پھل پھول، تجھ پر کبھی خزاں نہ آئے، تیری ٹہنی میں کبھی کوئی خار نہ پھوٹے، کوئی کٹھن گھڑی تجھ کو نہ آئے، سورہ میرے بچے سورہ، میری آنکھوں کے نور اور میرے دل کے سرور میرے بچے سورہ، تیرا مکھڑا چاند سے بھی زیادہ روشن ہوگا، تیری خصلت تیرے باپ سے بھی اچھی ہوگی، تیری شہرت، تیری لیاقت، تیری محبت جو تو ہم سے کرے گا، ہمارے دل کو تسلی دیں گی۔ سورہ میرے بچے سورہ، سورہ میرے بالے سورہ۔"

"یہ امید کی خوشیاں ماں کو اس وقت تھیں جب کہ بچہ غوں غاں بھی نہیں کر سکتا تھا۔ مگر جب وہ ذرا اور بڑا ہوا اور معصوم ہنسی سے ماں کے دل کو شاد کرنے لگا اور اماں اماں کہنا سیکھا، اس کی پیاری آواز ادھورے لفظوں میں اس کی ماں کے کان میں پہنچنے لگی،

آنسوؤں سے اپنی ماں کی آتش محبت کے بھڑکانے کے قابل ہوا۔ پھر مکتب سے اس کو سروکار پڑا۔ رات کو ماں کے سامنے دن کا پڑھا ہوا سبق غمزدہ دل سے سنانے لگا اور جب کہ وہ تاروں کی چھاؤں میں اٹھ کر منہ ہاتھ دھو کر اپنے ماں باپ کے ساتھ صبح کی نماز میں کھڑا ہونے لگا اور اپنے بے گناہ دل، بے گناہ زبان سے، بے ریا خیال سے خدا کا نام پکارنے لگا تو امید کی خوشیاں اور کس قدر زیادہ ہو گئیں اور ہماری پیاری امید! تو یہی ہے جو مہد سے لحد تک ہمارے ساتھ ہے۔"

"وہ دلاور سپاہی لڑائی کے میدان میں کھڑا ہے، کوچ پر کوچ کرتے تھک گیا ہے، لڑائی کے میدان میں جبکہ بہادروں کی صفیں کی صفیں چپ چاپ کھڑی ہوتی ہیں اور لڑائی کا میدان ایک سنسان کا عالم ہوتا ہے، دلوں میں عجیب قسم کی خوف ملی ہوئی جرات ہوتی ہے اور جب کہ لڑائی کا وقت آتا ہے اور وہ آنکھ اٹھا کر نہایت بہادری سے بالکل بے خوف ہو کر لڑائی کے میدان کو دیکھتا ہے اور جبکہ بجلی سی چمکنے والی تلواریں اور سنگینیں، اس کی نظر کے سامنے ہوتی ہیں، اور بادل کی سی کڑکنے والی اور آتشیں پہاڑ کی سی آگ برسانے والی توپوں کی آواز سنتا ہے اور جبکہ اپنے ساتھی کو خون میں لتھڑا ہوا زمین پر پڑا ہوا دیکھتا ہے۔ تو اے بہادروں کی قوت بازو! اور اے بہادروں کی ماں! تیرے ہی سبب سے فتح مندی کا خیال اس کے دل کو تقویت دیتا ہے، اس کان نقارے میں سے تیرے ہی نغمے کی آواز سنتا ہے۔"

تم دیکھ سکتے ہو کہ ان چند سطروں میں کس طرح نیچر کی تصویر کھینچی ہے اور اس میں کس قدر درد اور اثر پیدا کیا ہے۔ پالیٹکس کا راستہ اس سے بالکل الگ ہے۔ پنجاب میں جب یونیورسٹی قائم ہو رہی تھی، جس میں اورینٹل تعلیم پر بہت زور دیا گیا تھا، سرسید کو یہ خیال پیدا ہوا کہ اس سے پالیٹکس کی بنا پر ہم کو اعلیٰ تعلیم سے روکنا مقصود ہے، اس وقت سرسید

نے پے در پے تین آرٹیکل لکھے۔ ان آرٹیکلوں نے یونیورسٹی کے بانیوں کو اس قدر گھبرا دیا کہ خاص ان آرٹیکلوں کے جواب میں سیکڑوں مضامین لکھے گئے۔ اور ان کا مجموعہ یک جا کر کے ایک مستقل کتاب تیار کی۔ افسوس ہے کہ اختصار کی وجہ سے ہم ان آرٹیکلوں کا کوئی حصہ نقل نہیں کرسکتے۔

سرسید نے انشاپردازی کی ترقی کے جو طریقے ایجاد کئے، ان میں ایک یہ تھا کہ بہت سے اعلیٰ درجے کے انگریزی مضامین کو اردو زبان کا قالب پہنایا، لیکن ترجمے کے ذریعہ سے نہیں کیوں یہ طریقہ اب تک بے سود ثابت ہوا ہے، بلکہ اس طرح کہ انگریزی کے خیالات اردو میں اردو کی خصوصیات کے ساتھ ادا کئے۔ امید کی خوشی کا مضمون جس کے ہم نے بعض فقرات اوپر نقل کئے، در اصل ایک انگریزی مضمون سے ماخوذ ہے۔ انگریزی میں اڈیسن اور اسٹیل بڑے مضمون نگار گزرے ہیں۔ سرسید نے ان کے متعدد مضامین کو اپنی زبان میں ادا کیا۔ سرسید کی انشاپردازی کا بڑا کمال اس موقع پر معلوم ہوتا ہے جب وہ کسی علمی مسئلے پر بحث کرتے ہیں۔ اردو زبان چونکہ کبھی علمی زبان کی حیثیت سے کام میں نہیں لائی گئی، اس میں علمی اصطلاحات، علمی الفاظ اور علمی تلمیحات بہت کم ہیں، اس لئے اگر کسی علمی مسئلے کو اردو میں لکھنا چاہو تو الفاظ مساعدت نہیں کرتے، لیکن سرسید نے مشکل سے مشکل مسائل کو اس وضاحت، صفائی اور دل آویزی سے ادا کیا ہے کہ پڑھنے والا جانتا ہے کہ وہ کوئی دلچسپ قصہ پڑھ رہا ہے۔

پروفیسر رینان نے جو فرانس کا ایک بڑا مصنف گزرا ہے، اپنے ایک مضمون میں لکھا ہے کہ "عربی زبان میں یہ صلاحیت نہیں کہ وہ فلسفی مسائل کو ادا کرسکے۔" رینان جن مسائل کے ادا کرنے کے لئے عربی زبان کو ناقابل سمجھا ہے (گویا اس کا خیال محض غلط ہے) سرسید نے اردو جیسی کم مایہ زبان میں وہ مسائل ادا کر دیے ہیں۔ سرسید نے فلسفہ

الہیات پر جو کچھ اپنی مختلف تحریروں میں لکھا ہے، وہ فلسفے کے اعلیٰ درجے کے مسائل ہیں۔ زمانہ جانتا ہے کہ مجھ کو سرسید کے مذہبی مسائل سے سخت اختلاف تھا اور میں ان کے بہت سے عقائد وخیالات کو بالکل غلط سمجھتا تھا۔ تاہم اس سے مجھ کو کبھی انکار نہ ہو سکا کہ ان مسائل کو سرسید نے جس طرح اردو زبان میں ادا کیا، کوئی اور شخص کبھی ادا نہیں کر سکتا۔ سرسید کی تحریروں میں جابجا ظرافت اور شوخی بھی ہوتی ہے لیکن نہایت تہذیب اور لطافت کے ساتھ۔ مولوی علی بخش خاں صاحب مرحوم جو سرسید کے رد میں رسالے لکھا کرتے تھے، حرمین شریفین گئے اور وہاں سے سرسید کی تکفیر کا فتویٰ لائے۔ اس پر سرسید ایک موقع پر تہذیب الاخلاق میں لکھتے ہیں،

"جو صاحب ہماری تکفیر کے فتوے لینے کو مکہ معظمہ تشریف لے گئے تھے اور ہمارے کفر کی بدولت ان کو حج اکبر نصیب ہوا، ان کے لائے ہوئے فتوؤں کے دیکھنے کے ہم بھی مشتاق ہیں۔

بہ بین کرامت بت خانہ مرا ای شیخ
کہ چون خراب شود خانہ خدا گردد

سبحان اللہ ہمارا کفر بھی کیا کفر ہے، کہ کسی کو حاجی اور کسی کو ہاجی، اور کسی کو کافر اور کسی کو مسلمان بناتا ہے۔

باران کہ در لطافت طبعش خلاف نیست
درباغ لالہ روید و در شورہ بوم خس۔"

تہذیب الاخلاق جب بند ہوا ہے، تو سرسید نے خاتمے پر جو مضمون لکھا ہے، اس کے ابتدائی فقرے یہ ہیں۔ "سوتوں کو جھنجھوڑتے ہیں کہ جاگ اٹھیں۔ اگر اٹھ کھڑے ہوئے تو مطلب پورا ہو گیا اور اگر نیند میں اٹھانے سے کچھ بڑبڑائے، کچھ جھنجھلائے، ادھر

ہاتھ جھٹک دیا، ادھر پیر جھٹک دیا اور اینڈے پڑے سوتے ہیں تو بھی توقع ہوئی کہ تھوڑی دیر بعد جگ اٹھیں گے۔ شاید ہمارے بھائیوں کی اس اخیر درجہ تک نوبت آگئی ہے۔ اگر یہ خیال ٹھیک ہو تو ہم کو بھی زیادہ نہ چھیڑنا چاہئے، بچے اٹھاتے وقت کہہ اٹھتے ہیں کہ ہم کو اٹھائے جاؤ گے، تو ہم اور پڑے رہیں گے، تم ٹھہر جاؤ ہم آپ ہی اٹھ کھڑے ہوں گے۔ بچہ کڑوی دوا پیتے وقت منہ بسور کر ماں سے کہتا ہے کہ بی! یہ مت کہے جاؤ کہ شاباش بیٹا پی لے پی لے، تم چپ رہو، میں آپ ہی پی لوں گا۔ لو بھائیو! اب ہم بھی نہیں کہتے کہ اٹھو اٹھو، پی لو پی لو۔"

حقیقت یہ ہے کہ سر سید نے اردو انشا پردازی پر جو اثر ڈالا ہے اس کی تفصیل کے لئے دو چار صفحے کافی نہیں ہو سکتے۔ یہ کام در حقیقت مولانا حالی کا ہے، وہ لکھیں گے اور خوب لکھیں گے بلکہ یہ کہنا چاہئے کہ لکھ چکے ہیں اور خوب لکھا ہو گا۔ میں کالج کی طرف سے مجبور کیا گیا تھا۔ اس وقت جب کہ تمام ملک میں سر سید کا آوازہ ماتم گونج رہا ہے، اور ہر شخص ان کے کارناموں کے سننے کا شائق ہے، کچھ نہ کچھ مختصر طور پر فوراً لکھنا چاہئے، میں نے اسی کی تعمیل کی ورنہ میں مولانا حالی کی مقبوضہ سرزمین میں مداخلت کا کوئی حق نہیں رکھتا اور اس شعر کا مصداق بننا نہیں چاہتا،

بھلا تردد بے جا سے اس میں کیا حاصل
اٹھا چکے ہیں زمیندار جن زمینوں کو

٭٭٭

فن بلاغت

مسلمانوں نے جو علوم و فنون خود ایجاد کئے اور جن میں وہ کسی کے مرہون منت نہیں، ان میں ایک یہ فن بھی ہے۔ عام خیال یہ ہے اور خود ہم کو بھی ایک مدت تک یہ گمان تھا کہ یہ فن بھی مسلمانوں نے یونانیوں سے لیا۔ ابن اثیر نے مثل السائر میں ایک جگہ لکھا ہے کہ، "یونانیوں نے فن بلاغت پر جو کچھ لکھا ہے اگرچہ اس کا ترجمہ عربی میں ہو چکا ہے لیکن اس سے واقف نہیں اور اس لئے اس فن میں میں نے جو نکتے اضافے کئے ہیں، ان میں سے کسی کا میں مقلد نہیں بلکہ خود مجتہد ہوں۔"

ابن اثیر نے گو اپنے آپ کو یونان کی خوشہ چینی کے الزام سے بچایا ہے لیکن عبارت سے اس قدر ثابت ہوتا ہے کہ اصل فن یونان ہی سے آیا تھا، لیکن اب اس خیال کی غلطی علانیہ ثابت ہوگئی۔ اصل یہ ہے کہ ارسطو نے ایک کتاب ریطوریقا کے نام سے لکھی تھی جس کو اس نے منطق کا ایک حصہ قرار دیا تھا۔ ریطوریقا وہی لفظ ہے، جس کو انگریزی میں ریٹارک کہتے ہیں۔ اردو میں اس لفظ کا ترجمہ خطابت یا فن تقریر ہو سکتا ہے۔ یہی کتاب ہے جس کی نسبت لوگوں کو دھوکہ ہوا کہ مسلمانوں کا فن بلاغت اسی سے ماخوذ ہے۔ اس کتاب کو شیخ بو علی سینا نے اپنی کتاب منطقیات شفا میں پورا پورا لے لیا ہے، یعنی اس کے مطالب اپنے الفاظ میں ادا کر دیے ہیں۔ ابن رشد نے اس کتاب کے اصل ترجمے کی جو اصلاح کی تھی، اس کا بڑا حصہ بیروت میں چھپ گیا ہے۔ یہ ذخیرے ہمارے

سامنے ہیں اوران سے ثابت ہوتا ہے کہ مسلمانوں کا فن بلاغت ارسطو کی کتاب سے چھو بھی نہیں گیاہے۔ ارسطو کی کتاب کا موضوع یہ ہے کہ جب کوئی تقریر کسی موقع پر کی جائے توامور ذیل قابل لحاظ ہوں گے،

(۱) مضمونِ تقریر کیا ہے

(۲) تقریر کے مخاطب کون لوگ ہیں

(۳) تقریر کرنے والا کون ہے

ان مختلف حیثیتوں کے لحاظ سے تقریر کے مقدمات کس قسم کے ہونے چاہیئے۔ چنانچہ ارسطو نے اس کتاب میں بتایا ہے کہ واعظ، وکیل، حکیم، فریق مقدمہ وغیرہ وغیرہ کی تقریر کے اصول کیا ہیں؟ اور ہر ایک کے طریقہ استدلال کو کس طرح ایک دوسرے سے مختلف ہونا چاہیئے۔ اگرچہ اس میں شبہ نہیں کہ ارسطو کی یہ کتاب نہایت دقیق اور لطیف مباحث پر مشتمل ہے اور اگرچہ اس کا بھی سخت افسوس ہے کہ مسلمانوں نے اس کتاب سے کچھ فائدہ نہیں اٹھایا لیکن بہرحال مسلمانوں کا فن بلاغت ایک جداگانہ چیز ہے اور اس کے وہ خود موجد ہیں۔ فن بلاغت پر جہاں تک ہم کو معلوم ہے، سب سے پہلی جو کتاب لکھی گئی ہے، وہ دلائل الاعجاز عبدالقاہر الجرجانی ہے، اس سے پہلے کی تصنیفیں بھی ہم نے دیکھی ہیں، لیکن درحقیقت ان کو اس فن کی تصنیف نہیں کہہ سکتے۔ دلائل الاعجاز کے بعد اور بہت سی کتابیں لکھی گئیں، یہاں تک کہ 'مطول' اور 'مختصر معانی' پر گویا خاتمہ ہوا۔

آج کل یہ فن جس طریقے سے پڑھا اور پڑھایا جارہا ہے، اس سے زیادہ کسی فن کی مٹی خوار نہیں، طلبہ اور علما ان لفظوں اور عبارتوں کو جو 'مختصر معانی' وغیرہ میں مذکور ہیں، بار بار دہراتے ہیں لیکن خود نہیں جانتے کہ ہم کیا کہہ رہے ہیں۔ یہ ایک عام قاعدہ ہے کہ

جب انسان کسی فن کے مسائل کو سمجھ لیتا ہے اور اس پر حاوی ہو جاتا ہے تو جہاں کہیں ان مسائل کا موقع آتا ہے، انسان ان کو استعمال کر سکتا ہے اور کرتا ہے۔ مثلاً اگر تم نے عربی فن نحو میں مہارت حاصل کرلی ہے تو جب کوئی عربی عبارت تمہارے سامنے آجائے گی، تم اس کو بے تکلف پڑھتے چلے جاؤ گے۔ لیکن فن بلاغت کی درس و تدریس کی یہ حالت ہے کہ 'مختصر معانی' اور 'مطول' سو سو بار دہرا چکے ہیں، لیکن اگر قرآن مجید کی کوئی عبارت یا عربی کا کوئی شعر دے دیا جائے تو ہرگز نہ بتا سکیں گے کہ اس میں کیا کیا بلاغت کے اصول پائے جاتے ہیں۔ اس کی وجہ یہ ہے کہ ان درسی کتابوں میں مسائل بلاغت کو اس طرح صاف اور سلجھا کر نہیں لکھا ہے کہ طالب علم کے ذہن میں اصل مسئلے کی تصویر اتر جائے۔ مسئلہ ابھی پورا بیان بھی نہیں ہوا ہے کہ اس کے ساتھ لفظی جھگڑے شروع ہو جاتے ہیں اور طالب علم کا ذہن ان بے ہودہ بحثوں میں پریشان ہو جاتا ہے۔

ایک بہت بڑی وجہ یہ ہے کہ ان مسائل کے لئے کثرت سے مثالیں نہیں پیش کی جاتیں۔ عبدالقاہر جرجانی نے جو مثالیں لکھ دی تھیں، وہی آج تک چلی آتی ہے بلکہ ان میں سے بھی بہت سی چھوٹ گئیں۔ مسائل بلاغت کے ذہن نشین کرنے کا سب سے بہتر طریقہ یہ ہے کہ اپنی زبان میں اس کی مثالیں سمجھائی جائیں۔ لیکن ہمارے علما عربی مثالوں میں اس قدر محدود ہیں کہ کسی اور زبان سے ان مسائل کی مثالیں پیش ہی نہیں کر سکتے۔ ان وجوہ کی بنا پر ہم نے ارادہ کیا ہے کہ وقتاً فوقتاً فن بلاغت کے مہمات مسائل اس رسالے میں اس طرح ادا کئے جائیں کہ مسئلے کی تصویر دل میں اتر جائے اور اس غرض کے لئے تمام مثالیں اردو کے کلام سے دی جائیں۔ چنانچہ اس پرچے میں ہم فصاحت کے مسئلے پر بحث کرتے ہیں، جو بلاغت کا پہلا زینہ ہے۔

فصاحت کی تعریف علمائے ادب نے یہ کی ہے کہ، "لفظ متنافرالحروف نہ ہو، نامانوس

نہ ہو، قواعد صرفی کے خلاف نہ ہو۔ اس اجمال کی تفصیل یہ ہے کہ لفظ درحقیقت ایک قسم کی آواز ہے، اور چونکہ آوازیں بعض شیریں، دل آویز اور لطیف ہوتی ہیں۔ مثلاً طوطی و بلبل کی آواز اور بعض مکروہ و ناگوار مثلاً کوے اور گدھے کی آواز، اس بنا پر الفاظ بھی دو قسم کے ہوتے ہیں، بعض شستہ، سبک، شیریں اور بعض ثقیل، بھدے، ناگوار۔ پہلی قسم کے الفاظ کو فصیح کہتے ہیں اور دوسرے کو غیر فصیح۔ بعض الفاظ ایسے ہوتے ہیں کہ فی نفسہ ثقیل اور مکروہ نہیں ہوتے لیکن تحریر و تقریر میں ان کا استعمال نہیں ہوا ہے، یا بہت کم ہوا ہے، ایسے الفاظ بھی جب ابتداءً استعمال کئے جاتے ہیں تو کانوں کو ناگوار معلوم ہوتے ہیں، ان کو فن بلاغت کی اصطلاح میں غریب کہتے ہیں۔ اس قسم کے الفاظ بھی فصاحت میں خلل انداز خیال کئے جاتے ہیں لیکن یہ نکتہ یہاں لحاظ کے قابل ہے کہ بعض موقعوں پر غریب لفظ کی غرابت اس وجہ سے کم ہو جاتی ہے کہ اس کے ساتھ الفاظ بھی اسی قسم کے ہوتے ہیں مثلاً ایک شاعر کہتا ہے۔ عذریت رسول کی خاطر جلائی نار۔ نار کا لفظ اس موقع پر نہایت نامانوس اور بیگانہ ہے لیکن یہی لفظ جب ترکیبوں کے ساتھ اردو میں مستعمل ہوتا ہے، مثلاً نار دوزخ، نار جہنم، تو وہ غرابت نہیں رہتی۔

فصاحت کے مدارج میں اختلاف ہے، یعنی بعض الفاظ فصیح ہیں، بعض فصیح تر، بعض اس سے بھی بڑھ کر فصیح۔ مثال کے طور پر ہم دو چار مثالیں نقل کرتے ہیں، جن سے فصاحت اور فصاحت کے اختلاف مراتب کا اندازہ ہو سکے گا، ان مثالوں میں ایک ہی مضمون مختلف الفاظ میں ادا کیا گیا ہے۔

کس نے نہ دی انگوٹھی رکوع و سجود میں

سائل کو کس نے دی ہے انگوٹھی نماز میں

آنکھوں میں پھرے اور نہ مردم کو خبر ہو

آنکھوں میں یوں پھرے کہ مژہ کو خبر نہ ہو
رویا میں بھی حسین کو رویا ہی کرتے ہیں
حسرت ہے کہ خواب میں بھی رویا کیجے
جیسے مکاں سے زلزلے میں صاحب مکاں
جیسے کوئی بھونچال میں گھر چھوڑ کے بھاگے

معانی والفاظ کی مناسبت

حسن کلام میں ایک بڑا نکتہ یہ ہے کہ مضامین کی نوعیت کے لحاظ سے الفاظ استعمال کئے جائیں۔ لفظ چونکہ آواز کی ایک قسم ہے اور آواز کے مختلف اقسام ہیں، مہیب، پر رعب، سخت، نرم، شیریں، لطیف۔ اسی طرح الفاظ بھی صورت اوروزن کے لحاظ سے مختلف طرح کے ہوتے ہیں۔ بعض نرم، شیریں اور لطیف ہوتے ہیں، بعض سے جلالت اور شان ٹپکتی ہے بعض سے درد اور غمگینی ظاہر ہوتی ہے۔ اسی بنا پر غزل میں سادہ، شیریں، سہل اور لطیف الفاظ استعمال کئے جاتے ہیں۔ قصیدے میں پر زور، شاندار الفاظ کا استعمال پسندیدہ سمجھا جاتا ہے۔ اسی طرح رزم و بزم، مدح و ذم، فخر و ادعا، وعظ و پند، ہر ایک کے لئے جدا جدا الفاظ ہیں۔

شعرا میں سے جو اس نکتے سے آشنا ہیں، وہ ان مراتب کا لحاظ رکھتے ہیں اور یہ ان کے کلام کی تاثیر کا بڑا راز ہے، لیکن جو اس فرق مراتب سے واقف نہیں، یا ہیں لیکن ایک خاص رنگ ان پر اس قدر چڑھ گیا ہے کہ ہر قسم کے مضامین میں ایک ہی قسم کے لفظ ان کی زبان سے ادا ہوتے ہیں، ان کا کلام بجز ایک خاص رنگ کے بالکل بے اثر ہوتا ہے۔ یہی نکتہ ہے کہ سعدی سے رزم اور فردوسی سے بزم نہیں نبھ سکتی۔ فردوسی نے جہاں حضرت یوسف کی نالہ وزاری کو اپنی کتاب یوسف زلیخا میں لکھا ہے، لکھتا ہے، بغرید یوسف د

گریہ وزاری۔ رزم، بزم، فخر، حسرت، شوق، ہر ایک مضمون کے لئے خاص قسم کے الفاظ موزوں ہیں اور ان مضامین کے لئے انہی الفاظ کو استعمال کرنا چاہئے۔ مثلاً ایک شاعر نے جلال اور غیظ کو ان الفاظ میں ادا کیا ہے،

کم تھا نہ ہمہمہ اسد کردگار سے
نکلا ڈکارتا ہوا ضیغم کچھار سے
کیا جانے کس نے ٹوک دیا ہے دلیر کو
سب دشت گونجتا ہے یہ غصہ ہے شیر کو
تھا یہ بپھرا ہوا عباس مرا شیر جواں
سینہ حر پہ رکھے دیتا تھا نیزے کی سناں
لرزہ تھا رعبِ حق سے ہر ایک نابکار کو
روکے تھا ایک شیر جری دس ہزار کو

ان اشعار میں جو الفاظ آئے ہیں، جس طرح ان کے معنی غیظ و غضب کے ہیں، اسی طرح ان الفاظ کی آواز اور لہجے سے بھی ہیبت اور غیظ و غضب کا اظہار ہوتا ہے۔

کلام کی فصاحت

یہ بحث مفرد الفاظ سے متعلق تھی۔ لیکن کلام کی فصاحت میں صرف لفظ کا فصیح ہونا کافی نہیں، بلکہ یہ بھی ضرور ہے کہ جن الفاظ کے ساتھ وہ ترکیب میں آئے، ان کی ساخت، ہیئت، نشست، سبکی اور گرانی کے ساتھ اس کو خاص تناسب اور توازن ہو، ورنہ فصاحت قائم نہ رہے گی۔ قرآن مجید میں ہے، ماکذب الفواد مارای۔ فواد اور قلب دو ہم معنی الفاظ ہیں اور دونوں فصیح ہیں، لیکن اگر اس آیت میں فواد کے بجائے قلب کا لفظ آئے تو خود یہی لفظ غیر فصیح ہو جائے گا، جس کی وجہ یہ ہے کہ گو قلب کا لفظ بجائے خود

فصیح ہے، لیکن ماقبل اور مابعد کے جو الفاظ ہیں ان کی آواز کا تناسب قلب کے لفظ کے ساتھ نہیں ہے۔

میر انیس کا مصرع ہے، فرمایا آدمی ہے کہ صحرا کا جانور۔ صحرا اور جنگل ہم معنی ہیں اور دونوں فصیح ہیں، انیس نے مختلف موقعوں پر ان دونوں لفظوں کا استعمال کیا ہے اور ہم معنی ہونے کی حیثیت سے کیا ہے لیکن اگر اس مصرع میں صحرا کے بجائے جنگل کا لفظ آجائے تو یہی لفظ غیر فصیح ہو جائے گا۔ ذیل کے شعر میں،

طائر ہوا میں مست، ہرن سبزہ زار میں
جنگل کے شیر گونج رہے تھے کچھار میں

اگر جنگل کے بجائے صحرا لاؤ تو مصرع کا مصرع پھس پھسا ہو جاتا ہے۔

شبنم اور اوس ہم معنی ہیں اور برابر درجے کے فصیح ہیں لیکن اس شعر میں،

کھا کھا کے اوس اور بھی سبزہ ہرا ہوا
تھا موتیوں سے دامن صحرا بھرا ہوا

اگر اوس کے بجائے شبنم کا لفظ لایا جائے تو فصاحت خاک میں مل جائے گی۔ یہی "اوس" کا لفظ جو اس موقع پر اس قدر فصیح ہے، اس مصرع میں، شبنم نے بھر دیے تھے کٹورے گلاب کے، شبنم کے بجائے لایا جائے تو فصاحت بالکل ہوا ہو جائے گی۔ اس میں نکتہ یہ ہے کہ ہر لفظ چونکہ ایک قسم کا سُر ہے اس لئے یہ ضرور ہے کہ جن الفاظ کے سلسلے میں وہ ترکیب دیا جائے، ان آوازوں سے اس کو خاص تناسب بھی ہو۔ ورنہ گویا دو مخالف سروں کو ترکیب دینا ہو گا۔ نغمہ اور راگ مفرد آوازوں یا سروں کا نام ہے، ہر سر بجائے خود دلکش اور دل آویز ہے، لیکن اگر دو مخالف سروں کو باہم ترکیب دے دیا جائے، تو دونوں مکروہ جائیں گے۔ راگ کے دلکش اور مؤثر ہونے کا یہی گر ہے کہ جن سروں

سے اس کی ترکیب ہو، ان میں نہایت تناسب اور توازن ہو۔ الفاظ بھی چونکہ ایک قسم کی صوت اور سر ہیں، اس لئے ان کی لطافت، شیرینی اور روانی اسی وقت تک قائم رہتی ہے جب گردوپیش کے الفاظ بھی ان کے مناسب ہوں۔

دبیر کا مشہور مصرع ہے "زیرِ قدمِ والدہ فردوس بریں ہے" اس میں جتنے الفاظ ہیں یعنی زیر، قدم، والدہ، فردوس، بریں، سب بجائے خود فصیح ہیں، لیکن ان کے باہم ترکیب دینے سے جو مصرع پیدا ہوا، وہ اس قدر بھدا اور گراں ہے کہ زبان اس کا تحمل نہیں کر سکتی۔ شاید تم کو خیال ہو کہ مصرع کی ترکیب چونکہ فارسی ہو گئی ہے، اس لئے ثقل پیدا ہو گیا ہے لیکن یہ فصیح نہیں۔ سیکڑوں شعروں میں اس قسم کی فارسی ترکیبیں ہیں، لیکن یہ ثقل نہیں پایا جاتا، مثلاً میر انیس کہتے ہیں،

میں ہوں سردارِ شبابِ چمنِ خلدِ بریں
میں ہوں خالق کی قسم دوشِ محمدؐ کا مکیں

پہلے مصرع میں فارسی ترکیب کے علاوہ توالی اضافات بھی موجود ہے، لیکن بھدا پن اور ثقل نہیں ہے۔

جب کسی مصرع یا شعر کے تمام الفاظ میں ایک خاص قسم کا تناسب، توازن اور توافق پایا جاتا ہے اور اس کے ساتھ وہ تمام الفاظ بجائے خود بھی فصیح ہوتے ہیں تو وہ پورا مصرع یا شعر فصیح کہا جاتا ہے۔ یہی چیز جس کو بندش کی صفائی، نشست کی خوبی، ترکیب کی دل آویزی، برجستگی، سلاست اور روانی سے تعبیر کرتے ہیں۔ یہی چیز ہے جس کی نسبت خواجہ حافظ فرماتے ہیں،

آں را کہ خوانی استاد گر بنگری بہ تحقیق
صنعت گر است اما شعر رواں ندارد

الفاظ کے توازن و تناسب سے کلام میں جو فرق پیدا ہوتا ہے وہ ایک خاص مثال میں آسانی سے سمجھ میں آسکتا ہے۔ میر انیس، حضرت علی اکبر کے اذان دینے کی تعریف ایک موقع پر اس طرح کرتے ہیں، تھا بلبلِ حق گو کہ چہکتا تھا چمن میں۔ اسی مضمون کو دوسرے موقع پر اس طرح ادا کرتے ہیں، بلبل چہک رہا ہے ریاض رسول میں۔ وہی مضمون ہے، وہی الفاظ ہیں، لیکن ترکیب کی ساخت نے دونوں مصرعوں میں کس قدر فرق پیدا کر دیا ہے۔

ایتلاف الوزنِ مع المعنی

ترکیب الفاظ کے لحاظ سے شعر کی بڑی خوبی یہ ہے کہ کلام کے اجزا کی جو اصلی ترتیب ہے وہ بحال خود قائم رہے، مثلاً فاعل، مفعول، مبتدا، خبر، متعلقات فعل جس ترتیب کے ساتھ ہر وقت بول چال میں آتے ہیں، یہی ترتیب شعر میں باقی رہے۔ اگرچہ اس میں شبہ نہیں کہ اس ترتیب کا بعینہ قائم رہنا قریب قریب ناممکن ہے، صرف ایک آدھ شعر یا بہت سے بہت شعر دو شعر میں اتفاقیہ یہ بات پیدا ہو جاتی ہے مثلاً سعدیؒ کے یہ اشعار،

بدو گفتم کہ مشکی یا عبیری
کہ از بوی دلاویزِ تو مستم
بگفتا من گلی ناچیز بودم
ولیکن مدتی با گل نشستم
جمال ہم نشین در من اثر کرد
وگرنہ من ہمان خاکم کہ ہستم

لیکن چونکہ نظم کا در حقیقت، سب سے بڑا املال یہی ہے کہ اگر اس کو نثر کرنا چاہیں تو

نہ ہو سکے اور یہ اسی وقت ہو سکتا ہے جب شعر میں الفاظ کی وہی ترتیب باقی رہے جو نثر میں معمولاً ہوا کرتی ہے۔ اس بنا پر شاعر کو کوشش کرنی چاہیے کہ اگر اصلی ترتیب پوری قائم نہیں رہ سکتی، تو بہر حال اس کے قریب قریب پہنچ جائے۔ جس قدر اس کا لحاظ رکھا جائے گا، اسی قدر شعر زیادہ صاف، برجستہ، رواں، اور ڈھلا ہوا ہو گا۔ مثلاً یہ اشعار،

کچھ تو ہوتے بھی ہیں وحشت میں جنوں کے آثار
اور کچھ لوگ بھی دیوانہ بنا دیتے ہیں
دل نہیں مانتا جہاں جاؤں
ہائے میں کیا کروں، کہاں جاؤں

***

علامہ شبلی نعمانی کی حیات اور ان کی علمی وادبی خدمات

اسلم رحمانی

علامہ شبلی نعمانی کی ولادت اعظم گڑھ ضلع کے ایک گاؤں بندول جیراج پور میں ۳/ جون ۱۸۵۷ میں عین اس ہنگامہ خیز زمانہ میں ہوئی جو عام طور پر غدر کے نام سے مشہور ہے۔ والدین نے آپ کا نام شبلی رکھا۔ ان کے استاذ مولانا فاروق چریاکوٹی نے ان کا لقب نعمانی رکھ دیا تھا۔ مولانا نے ابتدائے جوانی میں اردو میں اپنا تخلص تسنیم رکھا تھا۔

تعلیم وتربیت:

دستور زمانہ کے مطابق قرآن پاک اور فارسی کی ابتدائی تعلیم گاؤں ہی میں حاصل کی، مزید تعلیم کے لئے مدرسہ عربیہ اعظم گڑھ میں داخل ہوئے۔ شبلی نعمانی کی تعلیمی سفر کی تفصیلات بیان کرتے ہوئے آپ کے شاگرد رشید مولانا سید سلیمان ندوی لکھتے ہیں کہ:

علامہ مرحوم نیدرسیات کی تکمیل اگرچہ مولانا فاروق ہی سے کرلی تھی، لیکن ان کے ذوق علمی نے ان کو دوسرے خرمنوں کی خوشہ چینی پر آمادہ کیا، ہندوستان کے مختلف گوشوں میں ادب، فقہ اور حدیث کے جو اساتذہ اپنیاپنے فن میں یگانہ عصر سمجھے جاتے ان

سے بھی استفادہ کرنے کا شوق دامن گیر ہوا، مولانا کے والد مرحوم اس کو غیر ضروری سمجھتے تھے۔ علاوہ بریں وبلا ضرورت شدید اپنے نوریدہ کو آنکھ سے اوجھل کرنا بھی پسند نہ کرتے تھے، مگر مولانا کی والدہ نے جو بہت باہمت خاتون تھیں، مولانا کی بیتابی شوق کو دیکھنا گوارانہ کیا، ان ہی کی ہمت افزائی کا اثر تھا کہ بالآخر مولانا نے طلب علم کیشوق میں دیار وطن کی دل چسپیوں کو خیر باد کہا۔

(حیات شبلی، ص:۹۴ دارالمصنّفین شبلی، اکیڈمی اعظم گڑھ، یوپی)

شعر و سخن:

شبلی نعمانی کی مایہ ناز شخصیت اردو ادب میں ناقد، شارح، مورخ، سوانح نگار، سیرت نگار اور انشاپرداز کی حیثیت سے مسلم اور لاثانی ہے، ان کی شاعری پر روشنی ڈالتے ہوئے سید سلیمان ندوی رقمطراز ہیں کہ:

مولانا شبلی نعمانی شاعر نہ تھے، مولانا شبلی نعمانی شاعر تھے، دونوں باتیں اپنی اپنی جگہ درست ہیں، وہ شاعر نہ تھے۔ کیوں کہ ان کا نام شاعروں کی فہرست میں نہیں اور پبلک میں شاعر کی حیثیت سے ان کی شہرت نہیں، لیکن وہ شاعر تھے، کیوں کہ ان کا اردو اور فارسی کا دیوان موجود ہے۔

(کلیات شبلی اردو، ص:۳۰/ دارالمصنّفین، شبلی اکیڈمی، اعظم گڑھ، یوپی)

شبلی نعمانی کی ابتدائی شاعری کا ذکر کرتے ہوئے سید سلیمان ندوی مزید لکھتے ہیں کہ:

مولانا شبلی جب اوپر کی کتابیں پڑھنے لگے تو اردو اور فارسی میں اکثر شعر کہنے لگے، فارسی شاعری کا ذوق تو بہت اچھا تھا، مگر اردو شاعری ایسی ہی تھی، جیسے اکثر نوجوان علم کے زور یا جوانی کے جوش سے شعر کہنے لگتے ہیں، حاضر جوابی یہ تھی کے فوراً شعر کہتے

تھے۔اس زمانہ میں مولانا کا تخلص تسنیم تھا۔

(کلیات شبلی اردو، ص:۴/ دارالمصنفین، شبلی اکیڈمی، اعظم گڑھ، یوپی)

شبلی کے اردو کلام میں شعری اور فنّی محاسن کے لحاظ سے ان کی مندرجہ ذیل مثنوی "صبح امید" درجہ اول پر ہے۔

ادارک حال ماز نگہ ہی تواں نمود
جب قوم تھی مبتلائے آلام
کیا یاد نہیں ہمیں وہ ایام؟
جب قوم تھی مبتلائے آلام
وہ قوم کہ جان تھی جہاں کی
جو تاج تھی فرق آسمان کی
تھے جس پہ نثار فتح واقبال
کسری کو جو کر چکی تھی پامال
گل کر دئے تھے چراغ جس نے
قیصر کو دیے تھے داغ جس نے
وہ نبر جوں فشاں کہ چل کر
ٹھہرا تھا فرانس کے جگر پر
روما کے دھوئیں اڑا دیتے تھے
اٹلی کو کنوئیں جھنکا دیے تھے
بایں ہمہ جاہ و شوکت و فر
اقلیم ہنر بھی تھے مسخر

ہیت میں بلند پایہ اس کا
تھا فلسفہ زیر سایہ اس کا

مندرجہ بالا کلام کے مطالعے سے یہ حقیقت عیاں ہو جاتی ہے کہ شبلی نعمانی بلند افکار وخیالات کیمالک تھے، سید سلیمان ندوی ان کی مرثیہ نگاری کی وضاحت کرتے ہوئے لکھتے ہیں کہ:

مولانا کی طبیعت بہت ہی حساس تھی، اس لئے وہ فوری واقعات سے بہت جلد متاثر ہو تیتھے، اوریہی تاثیر ان کی شاعری کی روح تھی، یہی سبب ہے کہ مولانا نے اپنے زمانہ کے اکثر ناموروں کی وفات پر مرثیے لکھے، اور بڑے پر درد لکھے، مگر یہ سب مرثیے فارسی میں لکھے گئے ہیں، اپنی زندگی کے سب سے آخری سانحہ یعنی اپنے بھائی مولوی اسحاق وکیل ہائی کورٹ الہ آباد کی وفات پر جو دلدوز نوحہ لکھاہے، وہ اردو ہی میں لکھا ہے، اور حقیقت یہ ہے کہ وہ ایک اردو مرثیہ، ہماری زبان کے شریں مرثیوں کیلئے ایک عمدہ نمونہ ہے، مرثیہ کیاہے درد کی پوری تصویر ہے۔

(ایضا)

وہ برادر کہ مرا یوسف کنعانی تھا
وہ مجموع ہر خوبی انسانی تھا
وہ کہ گھر بھر کیلیئے رحمت یزدانی تھا
قوت دست ودل شبلی نعمانی تھا
جوش اسی کا تھا جو میر یسر پر سور میں تھا
بل اسی کا یہ مرے خام پر زور میں تھا

نثر نگاری وفنی صلاحیت:

شبلی نعمانی ایک باکمال شخصیت کیمالک تھے۔شبلی نے تاریخ اور فلسفہ جیسے موضوعات کو بھی مزیدار اور دلچسپ بناتے ہوئے اپنی فنی صلاحیتوں کا ثبوت دیا ہے۔وہ اپنے مفہوم اور مطلب کو واضح کرنے کیلئے عربی اور فارسی کے لفظوں سے بھی گریز نہیں کرتے تھے۔ان کی ہر تصنیف درجہ اول کیادب میں شمار کی جاتی ہے۔ان کی طرز تحریر صاف،رواں اور سادہ ہوا کرتی تھی جو ایک عام قاری کو بھی بڑی آسانی کے ساتھ سمجھ میں آجاتی ہے۔عہد شبلی کے حالات کا جائزہ لیتے ہوئے حیات شبلی میں سید سلیمان ندوی لکھتے ہیں کہ:

علماء جو کچھ لکھتے تھیوہ عربی فارسی میں،مولانا بھی علی گڑھ آنے سے پہلے تک اسکات المعتدی عربی میں لکھی،فارسی نامے بڑی کوشش سے لکھتے تھے،صرف ایک رسالہ "قرآ فاتحہ خلف الامام" کے رد میں اردو میں لکھا،مگر اس کو اپنے نام سے نہیں چھپوایا،لیکن جس طرح ہمارے علمائیکرام نے زمانہ کی زبان بدلنے کے ساتھ عربی کی جگہ مفید عام تالیفات فارسی میں شروع کر دیں اور پھر فارسی کا چلن بدلنے پر،مولانا نے عربی اور فارسی کو چھوڑ کر اردو کی طرف توجہ فرمائی اور اس زبان کو جس نسبت بہ طور معذرت سیر النعمان میں یوں فرماتے ہیں "حرف بہ اردو زدن آئیں نہ بود" اپنی نکتہ سنجیوں اور خوش بیانیوں سے عروج بخشا کہ علماء زمانہ کیلئے اس میں لکھنا پڑھنا مطلق عار نہ رہا اور بیشمار کتابیں ان کے قلم سے اس زبان میں تالیف پائیں،اس سے آگے بڑھ کر یہ کہ اس میں بعض علمائے اسلام نے بھی کتابیں لکھیں جو اپنی ہدایت وافادیت اور مضامین کی بلندی وندرت کے لحاظ سے قابل قدر ہیں۔مگر بیان کے اشکال،تعبیر کی دقت،علمی وفنی اصطلاحات کی کثرت اور فلسفیانہ طرز بیان کے تتبع کیسبب سیعوام تو عوام خواص کے دسترس سے بھی وہ باہر ہیں،مولانا نیاپنے لیے بیان کی سہولت،عبارت کی روانی،ترتیب کی خوبی،عام فہم الفاظ کے

انتخاب اور تشبیہ واستعارہ کی عمدگی سے وہ طرز نکالا کہ ان کی کتابیں ادب انشا کا اعلیٰ نمونہ قرار پائیں اور تعلیم یافتہ تو تعلیم یافتہ حضرات علماء کو بھی بالآخر اس کی تقلید سیچارہ نہ رہا اور ادب تو وہ علمی و مذہبی علوم کی ٹکسالی زبان بن گئی ہے۔

(حیات شبلی، ص: ۲۲ تا ۲۳ / دارالمصنفین، شبلی اکیڈمی، اعظم گڑھ، یوپی)

فنی خصوصیات:

شبلی نعمانی مشرقی زبانوں میں، عربی، فارسی، اور اردو تینوں سے نہ صرف واقف بلکہ تینوں میں صاحب ذوق وصاحب تصانیف تھیں، تنوع، رنگارنگی، ان کی تحریر کی نمایاں خصوصیت ہے۔ ان کی فنی کمالات اور حسن اسلوب کا اعتراف کرتے ہوئے ظفر احمد صدیقی لکھتے ہیں کہ:

مولانا شبلی ادیب وانشا پرداز بھی ہیں اور شاعر وناقد بھی، متکلم ومعقولی بھی ہیں اور مورخ وسوانح نگار بھی، اور بلند پایہ مقالہ نگار بھی، پھر ان کے کارناموں کا الگ الگ جائزہ لیجیئے، تو ہر جگہ ایک سیزیادہ ہی پہلو نظر آئیں گے۔ مثلاً ان کی انشا پردازی نہ حالی کی طرح سادہ، سپاٹ اور خشک ہے، نہ محمد حسین آزاد کی طرح مرصع، رنگین اور پر از تشبیہات و استعارات، بلکہ دونوں کی ملی جلی کیفیت لیے ہوئے ہے۔ اسی طرح بحیثیت شاعر وہ نظم گو بھی ہیں اور غزل گو بھی، انھوں نے قصیدے بھی لکھے ہیں اور مثنویاں بھی، رباعیاں کہی ہیں اور مرثیے بھی، پھر سنجیدہ شاعری بھی کی ہے اور طنزیہ بھی۔ فارسی میں بھی طبع آزمائی کی ہے اور اردو میں بھی، یہی حال ان کی تنقید نگاری کا بھی ہے، ایک طرف انھوں نے حافظ، سعدی، اور خسرو جیسے شاعروں کے کلام کو تنقید، تبصرے اور محاکمے کا موضوع بنایا ہے، تو دوسری طرف اردو شاعروں میں انیس ودبیر کیکلام کا موازنہ ومقابلہ بھی کیا ہے۔

(ہندوستانی ادب کا معمار، ص:۲۵ / ساہتیہ اکادمی، نئی دہلی)

مقالہ نگاری:

شبلی ہر فن مولا تھے انہوں نے اردو ادب کی تمام ہی اصناف میں طبع آزمائی کی اور اپنے مشاہدے اور تجربے کی روشنی میں ادب کی میدان میں گہرے نقوش چھوڑے ہیں۔ان کی تصنیفات کی طرح ان کے مقالات بھی بڑی اہمیت کے حال ہیں۔انہوں نے علمی ادبی تنقیدی، تاریخی، تعلیمی، فلسفیانہ اور مذہبی مقالات لکھے جو اردو ادب کا قیمتی سرمایہ ہے۔ان کے مقالات بہت ہی اہمیت کے حامل ہیں۔ ظفر احمد صدیقی رقمطراز ہیں کہ:

مولانا شبلی نے مستقل تصانیف کیعلاوہ گوناگوں موضوعات سیمتعلق درجنوں بلند پایہ مقالات بھی یادگار چھوڑے ہیں۔ان سے ان کے مطالعے کی وسعت اور علمی ذوق وشوق کے تنوع کا اندازہ ہوتا ہے۔

(ہندوستانی ادب کے معمار، ص:۹۴ / ساہتیہ اکادمی، نئی دہلی)

مندرجہ بالا اقتباس کے مطالعہ کے بعد یہ کہنا بجا ہوگا کہ ایک کامیاب مصنف کے اندر جو خوبیاں ہونی چاہیے تھیں وہ تمام خوبیاں شبلی نعمانی کی تحریر اور تصانیف میں موجود ہیں۔

تحریری کمالات:

پیرایہ بینا کی دل نشینی اور زور بیان وقوت استدلال شبلی نعمانی کی تحریر کی اہم ترین خصوصیت ہے۔ ظفر احمد صدیقی لکھتے ہیں کہ:

پیرائہ بیان کی دل نشینی اور طرز ادا کی رعنائی میں بھی مولانا شبلی نعمانی کا کوئی جواب نہ تھا، ان کے مخالفین بھی اس بات کے معترف رہا کرتے تھیکہ وہ اپنی گفتگو سے مخاطب کو

بہت جلد اپنا ہم نوا بنالیتے ہیں۔وہ جہاں بھی موجود ہوتے، گل افشانی گفتار کی وجہ سے میر مجلس بنے رہتے، مقدمات کی تمہید دلائل کی ترتیب اور مطلوب و مدعا کی تعبیر پر انھیں غیر معمولی قدرت حاصل تھی۔

(ہندوستانی ادب کے معمار، ص:۴/ساہتیہ اکادمی، نئی دہلی)

شبلی نعمانی اردو زبان کے مایہ ناز مصنفین میں شمار کیےجاتے ہیں۔ان کی تصانیف اردو زبان کا قیمتی سرمایہ ہیں۔ان کی نثر عالمانہ متین اور شگفتہ ہوتی ہے۔موضوع کے لحاظ سے ان کی تحریریں تاریخ،سوانح، سیرت،اور علم کلام اپنے آپ میں ایک عمدہ مثال ہیں۔

نظریہ تاریخ نویسی:

تاریخ کا فن بہت قدیم ہے لیکن مسلم مورخین نے اس میدان میں خو تنوع پیدا کیا اور اسکو جتنی ترقی دی اس کے اعتبار سے یہ کہنا بیجا نہ ہو گا کہ اس فن میں ان کا کوئی ثانی نہیں ہے۔ڈاکٹر اسپرنگ "اصابہ" کے دیباچہ میں لکھتے ہیں کہ:

نہ کوئی قوم دنیا میں ایسی گزری نہ آج موجود ہے جس نے مسلمانوں کی طرح اسماالرّجال کا سا عظیم الشان فن ایجاد کیا ہو جس کا بدولت آج پانچ لاکھ شخصوں کا حال معلوم ہو سکتا ہے۔

(سیر النبی (فٹ نوٹ) ص:۲۸/مطبوعہ نامی پریس کانپور)

شبلی نعمانی نے تاریخ نویسی کی اس اعلی روایت کے مطابق تاریخ نگاری کی دنیا میں انقلاب برپا کر دیا آپ کی دیگر تصانیف میں الفاروق ایک نایاب تصنیف ہے۔ شبلی نے اس کتاب میں نہایت محققانہ انداز، عالمانہ اسلوب اور ادبی طرز کو ملحوظ رکھتے ہوئے جا با تیں تحریر کیں ہیں اس نے اس کتاب کو منفرد اور مثالی بنادیا ہے۔اہل ذوق اس کتاب کے

مطالعہ کے بعد یہ کہنے پر مجبور ہو جاتے ہیں کہ شبلی فقط ایک مورخ نہیں یا سوانح نگار نہ تھیں بلکہ شبلی تو غیر منقسم ہندوستان کے ابن خلدون اور ابن کثیر تھے۔ شبلی کی اردو تصنیفات سمیت عربی اور دیگر تمام زبانوں کی تصنیفات شائقین ادب کے لئے نایاب سرمایہ ہے۔اس کی ترویج و اشاعت اور شبلی فہمی وقت کی اہم ترین ضرورت ہے۔ شبلی جیسی شخصیت کسی زبان کو بہ مشکل نصیب ہوتی ہے۔بقول علامہ اقبال

ہزاروں سال نرگس اپنی بے نوری پہ روتی ہے
بڑی مشکل سے ہوتا ہے چمن میں دیدہ ور پیدا

شبلی نے اردو قاری کے دلوں میں اردو ادب کے مطالعے کا ذوق پیدا کیا۔خود بڑی اچھی اور علمی سوانح عمریاں اور تاریخیں لکھیں۔انہوں نے ادب،سیاست، تعلیم، مذہب، فلسفہ سب کو متاثر کیا اور سب پر اپنا کچھ نہ کچھ اثر اور نقش چھوڑا، انہوں نے اردو نثر کا دامن بہت وسیع کیا ساتھ ساتھ اردو نثر کو ایک نمایاں مقام عطاء کیا۔

* * *